MW01708003

-- NOV. 2002
11102.5/51

KÉVIN ET LES MAGICIENS

Emily et l'anneau magique

DANS LA MÊME SÉRIE

Déjà parus

1. **La Pendule d'Halloween**
2. **La Médaille ensorcelée**

10/2002
228337

John Bellairs

KÉVIN ET LES MAGICIENS

3

Emily et l'anneau magique

Traduit de l'anglais (États-Unis)
par Nikou Tridon

Illustrations originales de Lalex

Jeunesse
ÉDITIONS DU
ROCHER
Jean-Paul Bertrand

Élagué
Bibliothèque municipale
Service de la bibliothèque
Arrondissement de
BROSSARD
RJ
B435h

Bibliothèque Ville de Brossard
QBD 003 0289909

Titre original : *The Letter, the Witch and the Ring.*

Édition publiée en accord avec Baror International Inc., Armonk, New York, USA.

Tous droits de traduction, de reproduction et d'adaptation réservés pour tous pays.

© John Bellairs, 1976.

© Illustrations : Lalex.

© Éditions du Rocher, 2002, pour la traduction française.

ISBN 2 268 04304 5

Pour mon fils, Frank.

Chapitre 1

– Non, non et NON ! Je ne mettrai pas cet uniforme ridicule !

Debout au milieu de sa chambre, en sous-vêtements, Emily Pottinger regardait d'un air furieux sa mère qui tenait dans les mains un uniforme scout fraîchement repassé.

– Mais qu'est-ce que je vais en faire ? demanda Mme Pottinger d'un ton las.

– Tu n'as qu'à le mettre à la poubelle ! hurla Emily.

Elle arracha l'uniforme à sa mère et le jeta par terre. Les joues en feu, elle sentit les larmes lui monter aux yeux.

– Ou alors en faire un épouvantail ! Écoute, maman, je te le dis une fois pour toutes, je ne veux pas être éclaireuse, guide, ou quoi que ce soit de ce genre. Pas question que j'aille cet été chanter ces chansons idiotes autour du sacro-saint feu de camp ! Je vais passer ces fichues vacances à m'entraîner à la batte avec une balle de tennis contre le mur de la maison jusqu'à ce que j'en aie tellement marre… tellement marre que…

Emily se mit les mains sur le visage et éclata en sanglots. Mme Pottinger lui passa le bras autour des épaules et l'aida à s'asseoir sur le lit.

– Allez, allez, dit-elle en lui tapotant le dos, tout ne va pas si mal, quand même…

Emily écarta les mains, enleva ses lunettes et leva vers sa mère des yeux pleins de larmes.

– Mais si, maman, tout va affreusement mal ! C'est horrible ! Je croyais que j'allais bien m'amuser avec Kévin cet été, et voilà qu'il s'en va passer ses vacances dans ce camp scout idiot. Il va y rester jusqu'à la rentrée, et moi, je vais être coincée dans cette ville minable où j'ai rien à faire ni personne avec qui jouer…

Mme Pottinger soupira.

– Écoute, tu vas peut-être te trouver un autre petit copain !

Emily remit ses lunettes et lança à sa mère un regard noir.

– Combien de fois faudra-t-il que je te dise, maman, que Kévin n'est pas mon petit copain ? C'est mon meilleur ami, exactement comme Marie Gallagher avant lui. Je ne vois pas pourquoi le fait qu'il soit un garçon et que je sois une fille devrait faire une différence.

Mme Pottinger sourit patiemment à sa fille.

– Mais si, ma chérie, cela fait une différence, et il faut que tu le comprennes. Kévin a douze ans maintenant, et toi treize. Je voulais justement que nous ayons une petite discussion à ce sujet.

Emily tourna la tête et regarda une grosse mouche qui bourdonnait contre la moustiquaire de la fenêtre.

– Je t'en prie, maman, j'ai pas envie d'en discuter. Pas maintenant en tout cas. Je voudrais seulement que tu me laisses un peu seule.

Mme Pottinger haussa les épaules et se leva.

– Très bien, Emily. Comme tu veux. À propos, qu'est-ce que tu vas offrir à Kévin pour son départ ?

– Je lui ai acheté la trousse officielle d'allumage de feu de camp scout, répondit Emily d'un ton maussade. Et en fait, tout ce que j'espère, c'est que comme ça il se brûlera, et au troisième degré en plus !

– Voyons, Emily, dit sa mère d'un ton apaisant. Tu sais très bien que tu ne souhaites rien de ce genre.

– Tu crois ça ! Eh bien, je vais te dire une chose, maman…

– À tout à l'heure, Emily, lança sa mère en l'interrompant.

Mme Pottinger ne voulait plus écouter sa fille. Face à cette colère et cette mauvaise humeur, elle avait peur de perdre elle-même patience et de finir par se fâcher. Elle se leva et quitta la pièce en refermant doucement la porte derrière elle.

Emily se retrouva enfin seule et se jeta sur son lit en sanglotant. Elle pleura un bon moment, mais ne se sentit pas mieux. Elle se releva et parcourut sa chambre du regard, cherchant quelque chose qui puisse lui remonter le moral. Peut-être pouvait-elle prendre sa batte et sa balle et aller s'entraîner sur le terrain de sport ? Ça lui faisait du bien d'habitude. Elle ouvrit la porte de son placard et une nouvelle vague de cafard la submergea aussitôt. Elle venait de voir, pendant tristement à un clou, sa petite calotte noire. Elle l'avait portée pendant des années, mais elle lui semblait ridicule à présent. Cela faisait des mois qu'elle était accrochée dans le placard, et la voir ainsi, couverte de poussière, la fit à nouveau éclater en sanglots, sans qu'elle sache vraiment pourquoi.

Pourquoi Emily se sentait-elle si mal ? Elle aurait donné n'importe quoi pour le savoir. C'était peut-être parce qu'elle venait d'avoir treize ans ? Elle n'était plus une gamine désormais, mais une adolescente qui, à l'automne, entrerait en cinquième [1]. Les classes de cinquième et de quatrième se trouvaient dans un grand bâtiment noir à côté du lycée. Les élèves y avaient leur casier personnel, comme au lycée, et disposaient même d'un gymnase où l'on organisait des soirées dansantes le samedi. Mais Emily ne voulait pas en entendre parler : elle n'avait aucune intention d'aller danser avec quiconque – que ce soit Kévin ou n'importe qui d'autre. Tout ce qu'elle voulait, c'était rester une gamine et continuer à jouer au base-ball, à grimper aux arbres et à faire des maquettes de bateaux avec Kévin. Elle avait autant envie d'entrer au collège que d'aller chez le dentiste.

1. Aux États-Unis, l'entrée dans le secondaire se fait plus tardivement qu'en France. *(N.d.T.)*

Emily referma le placard et, en se retournant, elle entrevit son reflet dans le miroir. C'était celui d'une fille grande et maigre qui n'avait rien d'attirant avec ses cheveux noirs pendouillants et ses lunettes. « J'aurais dû être un garçon », pensa Emily. Quand ils sont moches, les garçons n'ont pas autant de problèmes que les filles. Et ils peuvent aller dans les vrais camps de scouts, alors que les filles non. Ils peuvent jouer au base-ball sans que personne ne trouve ça bizarre. Ils ne sont pas forcés de mettre des bas, des jupes plissées et des chemisiers blancs pour aller à l'église le dimanche. Emily trouvait vraiment que les garçons avaient la vie belle. Mais elle était une fille et n'y pouvait rien.

Elle s'approcha de son aquarium et donna à manger à son poisson rouge. Puis elle se mit à siffloter et fit quelques pas de danse autour de sa chambre. C'était une belle journée. Le soleil brillait dehors. Les gens arrosaient leur pelouse et les enfants faisaient du vélo. Peut-être ses problèmes s'estomperaient-ils si elle n'y pensait pas. Et peut-être passerait-elle un bel été, après tout.

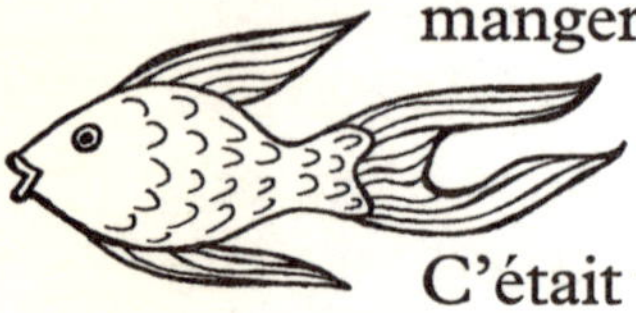

Ce soir-là, Emily se rendit à la petite fête que Kévin avait organisée avant son départ au camp. Elle n'avait pas vraiment envie d'y aller mais se sentait un peu obligée de le faire. Même si Kévin la laissait en plan pour les vacances, il était malgré tout son meilleur ami et elle ne voulait pas lui faire de peine. Kévin habitait dans une grande et vieille maison tout en haut de la rue Haute. Il vivait chez son oncle Jonathan, qui était magicien, et avait pour voisine Mme Zimmermann, qui pratiquait elle aussi la magie. Jonathan et Mme Zimmermann ne portaient pas de grandes robes noires et n'avaient pas de baguette à la main, mais ils s'y connaissaient dans ce domaine. Emily soupçonnait Mme Zimmermann d'être encore plus calée que Jonathan, même si elle ne faisait pas étalage de son savoir.

Cette soirée fut si réussie qu'Emily oublia tous ses soucis. Elle ne se souvenait plus qu'elle était censée être furieuse contre Kévin. Mme Zimmermann leur apprit deux nouveaux jeux de cartes, la manille et le bésigue, et Jonathan leur fit son attraction favorite, un de ses spectacles magiques dont il avait le secret : il leur donna l'illusion d'être dans un scaphandre et de marcher pesamment au fond de l'océan. Ils purent ainsi visiter quelques galions engloutis ainsi que l'épave du *Titanic*, et assistèrent même à un combat de pieuvres. Une fois le spectacle terminé, ils s'installèrent dans la véranda pour boire de la citronnade et croquer des biscuits au chocolat, et ils finirent la soirée en se balançant à tour de rôle sur la balancelle, tout en riant et discutant tard dans la nuit.

Vers minuit, Emily partit avec Mme Zimmermann. Elle allait passer la nuit chez sa vieille amie qui était comme une seconde mère pour elle. Emily sentait qu'elle pouvait presque tout lui raconter. Quelques instants plus tard, assise à la table de la cuisine, elle émiettait le dernier biscuit au chocolat en regardant Mme Zimmermann s'affairer devant la cuisinière dans sa chemise de nuit violette. Elle faisait chauffer du lait dans une petite casserole car elle devait toujours boire un peu de lait chaud pour pouvoir s'endormir après ce genre de soirée. Elle avait horreur de ça, mais reconnaissait que c'était efficace.

– C'était une belle fête, non ? dit-elle en remuant le lait avec une cuillère.

– Oui, une très belle fête.

– Tu sais, ajouta lentement Mme Zimmermann, je n'avais pas très envie qu'on organise cette soirée.

– Ah bon ! s'écria Emily très étonnée.

– J'avais peur que ça te fasse de la peine et que tu sois encore plus triste que Kévin te fausse ainsi compagnie.

Emily n'avait rien dit à Mme Zimmermann de ce qu'elle ressentait à ce sujet. Elle fut stupéfaite de voir comme celle-ci la comprenait bien. C'était peut-être parce qu'elle était sorcière !

Mme Zimmermann trempa un doigt dans le lait pour voir s'il était assez chaud, puis le versa dans une grande tasse décorée de violettes. Elle s'assit en face d'Emily et en but une gorgée.

– Pouah ! s'écria-t-elle en faisant la grimace. Je crois que, la prochaine fois, je prendrai un somnifère. Mais revenons à nos moutons ! Tu es très fâchée contre Kévin, non ?

Emily regardait fixement la table.

– Oui, c'est vrai. Et si je ne vous aimais pas autant, vous et oncle Jonathan, je ne crois pas que je serais venue.

Mme Zimmermann eut un petit rire.

– Vous n'aviez pas l'air en très bons termes ce soir. Est-ce que tu as une idée de ce qui l'a décidé à partir faire ce camp ?

Emily réfléchit en émiettant son biscuit.

– Eh bien, finit-elle par répondre, je crois qu'il en a marre de traînasser avec moi et qu'il veut devenir un grand chef scout ou un truc dans ce genre.

– Tu n'as pas complètement tort, reconnut Mme Zimmermann. C'est vrai, il veut être scout.

Mais il tient beaucoup à votre amitié et je suis sûre qu'il aimerait que tu puisses venir au camp avec lui.

Emily cligna des yeux pour refouler ses larmes.

– Vous croyez ?

– Bien sûr, dit Mme Zimmermann en hochant la tête. Et je vais te dire autre chose. Il est impatient de revenir pour te raconter tous les trucs formidables qu'il aura appris à faire.

Emily eut l'air déconcertée.

– Je n'y comprends rien, c'est vraiment trop compliqué. Il m'aime bien, et donc il s'en va, pour pouvoir ensuite me raconter comme c'était super que je ne sois pas là.

– Évidemment, dit Mme Zimmermann en éclatant de rire, formulé de cette manière, cela n'a pas l'air très clair. Et je suis sûre que tout est effectivement très confus dans la tête de Kévin. Il veut apprendre à faire tous les nœuds, à pagayer sur un canoë, à crapahuter dans la nature, pour pouvoir ensuite tout te raconter à son retour et te montrer qu'il est un vrai garçon, et pour que tu l'aimes encore plus que maintenant.

– Mais je l'aime comme il est ! Qu'est-ce que c'est que ces idioties ? Ça veut dire quoi, être un vrai garçon ?

Mme Zimmermann s'appuya contre le dossier de sa chaise et soupira. Il y avait sur la table un long coffret en argent qu'elle ouvrit. Il contenait une rangée de cigares brun foncé.

– Cela ne te dérange pas que j'en fume un ?

– Non, bien sûr !

Emily avait déjà vu Mme Zimmermann fumer le cigare. Elle avait été un peu surprise au départ, mais s'y était peu à peu habituée. Elle la regarda trancher d'un coup de dent le bout de celui qu'elle venait de prendre et le recracher dans une corbeille à papier non loin de là. Puis Mme Zimmermann claqua des doigts pour faire apparaître une allumette, alluma son cigare et jeta en l'air l'allumette qui se volatilisa.

– Je fais des économies de cendriers, dit-elle avec un grand sourire.

Elle tira quelques bouffées et de longues volutes de fumée s'envolèrent doucement par la fenêtre ouverte. Il y eut un silence. Puis elle reprit la parole.

– Je sais bien que tu as du mal à le comprendre, Emily. Ce n'est jamais facile de comprendre pourquoi quelqu'un fait quelque chose qui nous fait de la peine. Mais réfléchis à la vie de Kévin ! C'est un garçon timide et grassouillet qui a toujours le nez plongé dans un bouquin. Il ne fait pas de sport et il a peur de tout ou presque. Et maintenant regarde-toi.

Tu es un vrai garçon manqué. Tu grimpes aux arbres, tu cours très vite, et l'autre jour, je t'ai vu faire gagner une partie de softball à ton équipe. Tu fais tout ce que Kévin ne sait pas faire. Tu ne comprends pas pourquoi il veut aller à ce camp ?

– Pour être comme moi ? balbutia Emily d'un air stupéfait.

– Exactement, lui répondit Mme Zimmermann en hochant la tête. Pour être comme toi et pour que tu l'aimes encore plus. Il y a bien sûr d'autres raisons. Il aimerait sûrement, par exemple, ressembler aux autres garçons. Il voudrait être normal – comme n'importe lequel d'entre eux.

Elle eut un sourire furtif et secoua les cendres de son cigare dans l'évier. Emily semblait triste.

– Je lui aurais appris un tas de trucs s'il me l'avait demandé.

– Non, non, ça ne se serait pas bien passé. Il ne peut pas apprendre tout ça avec une fille, ça blesserait son amour-propre. Mais écoute, j'ai autre chose à te dire. Kévin va partir à son camp demain et tu vas te retrouver toute seule à New Zebedee sans savoir quoi faire. Eh bien justement, figure-toi que j'ai reçu l'autre jour une lettre extrêmement surprenante. Une lettre de feu mon cousin Oley. Je t'ai déjà parlé de lui ?

– Non non, je ne crois pas, répondit Emily après avoir réfléchi un instant.

– C'est bien ce qu'il me semblait. Eh bien, Oley était un drôle de zigue, et…

– Mme Zimmermann, l'interrompit Emily, vous avez dit « feu mon cousin ». Est-ce qu'il est… ?

– Oui, soupira Mme Zimmermann en hochant tristement la tête, il a malheureusement quitté ce monde. Il m'a écrit cette lettre juste avant de mourir, et… Au fait, pourquoi ne pas aller la chercher et te la montrer ? Cela te donnera une idée du genre d'homme qu'il était.

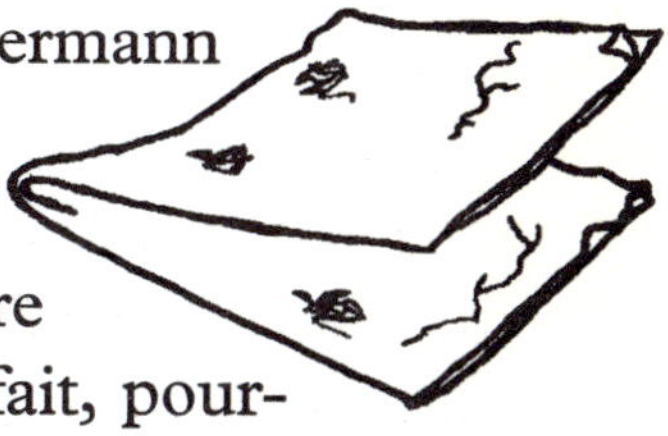

Mme Zimmermann se leva et monta à l'étage. Emily l'entendit un moment aller et venir dans son grand bureau et fourrager dans le fatras de ses papiers. Puis elle redescendit et tendit à Emily une feuille toute froissée, parsemée de petits trous et tachée d'encre, sur laquelle on avait écrit quelque chose à la hâte d'une main tremblante.

– J'ai reçu cette lettre avec une liasse de documents légaux que m'a envoyés le notaire pour que je les signe, ajouta Mme Zimmermann. C'est une drôle d'histoire et je ne sais pas trop qu'en penser. Tiens, la voilà. C'est un vrai torchon, mais elle est lisible. Et s'il y a tous ces trous dans le papier, c'est parce que mon cousin écrivait toujours avec une

plume d'oie quand il pensait avoir quelque chose d'important à dire. Vas-y. Lis-la.

Emily prit la lettre et la lut.

Le 21 mai 1950

Chère Florence,

Cette lettre est sans doute la dernière que j'écrirai. Je suis tombé brusquement malade la semaine dernière et je ne comprends pas ce qui m'arrive parce que je n'ai jamais eu la moindre indisposition de ma vie. Comme tu le sais, je n'ai pas confiance dans les médecins et j'ai essayé de me soigner tout seul. J'ai acheté des médicaments à la boutique qui est un peu plus bas sur la route, mais ils ne m'ont rien fait du tout. Il semble donc, comme on dit, que mon heure soit arrivée. Du reste, je serai mort quand tu liras cette lettre, car j'ai laissé des instructions pour qu'on te l'envoie avec mon testament dès que j'aurai cassé ma pipe.

Et maintenant, parlons affaires. Je te laisse ma ferme. Tu es la seule parente qui me reste et je t'ai toujours bien aimée. Tu ne t'es jamais beaucoup souciée de moi, mais oublions le passé. La ferme est à toi, et j'espère qu'elle te plaira. Et ce n'est pas tout. J'ai quelque chose de très important à ajouter. Tu te rappelles du pré de la Bataille ? Je bêchais là-bas l'autre jour et j'ai trouvé un anneau magique. Tu crois sûrement que je plaisante, mais dès que tu l'auras touché et passé à ton doigt, tu comprendras que j'avais raison. Je n'en ai parlé à personne, sauf à une voisine un peu plus bas sur la route. Peut-être que je perds un peu la boule, mais je sais de quoi je parle et je suis sûr que cet anneau est magique. Je l'ai rangé dans le tiroir du bas, sur la droite de mon bureau, et je vais demander à mon notaire de t'en envoyer la clé avec celle de la porte d'entrée de la maison. Je ne vois rien d'autre à te dire pour l'instant. Peut-être aurai-je la chance de te revoir un jour, mais sinon, on se retrouvera dans l'autre monde, comme ils disent – ha ! ha ! ha !

Ton cousin
Oley Gunderson

– Ça alors ! s'écria Emily en rendant la feuille à Mme Zimmermann. Quelle drôle de lettre !

– Oui, répondit celle-ci en hochant tristement la tête, c'est une drôle de lettre, écrite par un drôle de bonhomme. Pauvre Oley ! Il a passé toute sa vie dans cette ferme. Complètement seul. Pas de famille, pas d'amis, pas de voisins, personne. Je pense que ça lui a tapé sur le système.

Le visage d'Emily s'assombrit.

– Vous voulez dire que…

– Eh oui, Emily, soupira Mme Zimmermann. Je suis désolée de te décevoir sur cette affaire d'anneau magique, mais Oley avait raison quand il disait avoir un peu perdu la boule. Je crois qu'il inventait ce genre d'histoires pour mettre un peu de piment dans sa vie. Celle du pré de la Bataille est très ancienne. C'est une sorte de fantasme romanesque qui date de son enfance et, à force d'y penser, il a fini par croire que c'était vrai.

– Je ne comprends pas de quoi vous parlez, répliqua Emily.

– Ce n'est pas bien compliqué. Quand j'étais petite, j'allais très souvent dans la ferme d'Oley. Sven, son papa, était vivant à l'époque. C'était un homme très généreux qui invitait les cousins et la famille à faire de longs séjours chez eux. Oley et moi, on jouait beaucoup ensemble et, un été, on a trouvé des pointes de flèches d'Indiens dans un pré à côté du ruisseau qui coule derrière la ferme. Tu sais comment sont les enfants ! À partir de cette petite découverte, nous avons échafaudé toute une histoire à propos d'une bataille entre des colons et une bande d'Indiens. Nous avons même donné des noms aux Indiens et aux pionniers et nous avons appelé le

champ où nous jouions le pré de la Bataille. J'avais complètement oublié tout ça jusqu'à ce qu'Oley m'envoie cette lettre.

Emily se sentait déçue.

– Vous êtes sûre que ce qu'il dit sur l'anneau n'est pas vrai ? Les fous disent parfois la vérité, vous savez ! Cela arrive, je vous assure.

Mme Zimmermann lui adressa un sourire affectueux.

– Je suis désolée, Emily, mais je connais Oley Gunderson mieux que toi. Il était complètement cinglé. Un vrai barjo. Toujours est-il qu'il m'a laissé sa ferme, et il n'a aucun parent qui puisse contester son testament pour cause de démence. Je vais donc aller sur place pour la voir et signer les papiers. Elle n'est pas loin de Petoskey, tout en haut de la presqu'île, et une fois que j'aurai réglé cette histoire de paperasses, je prendrai le ferry pour traverser le détroit et visiter la région. Je n'ai pas fait de grande virée depuis longtemps et je viens juste d'acheter une nouvelle voiture. J'ai hâte de partir. Tu ne veux pas venir avec moi ?

Folle de joie, Emily eut envie de bondir par-dessus la table pour sauter au cou de Mme Zimmermann. Mais une inquiétude l'envahit brusquement.

– Vous croyez que mes parents vont me laisser partir ?

Mme Zimmermann eut un sourire malicieux et rassurant.

– Tout est arrangé. J'ai téléphoné à ta mère il y a quelques jours pour avoir son accord. Elle trouve que c'est une excellente idée. Et nous avons décidé de ne pas te le dire tout de suite pour te faire une surprise.

Il y avait à présent des larmes dans les yeux d'Emily.

– Je suis tellement contente, Mme Zimmermann, je vous remercie beaucoup. De tout mon cœur.

– Je t'en prie, cela me fait très plaisir aussi.

Mme Zimmermann jeta un coup d'œil à la pendule de la cuisine.

– Je crois que nous ferions mieux d'aller au lit si nous voulons être en forme demain. Jonathan et Kévin vont venir prendre leur petit déjeuner ici. Puis Kévin partira pour son camp, et nous, nous prendrons la route pour le fin fond du Michigan.

Mme Zimmermann se leva et écrasa son cigare dans l'évier. Puis elle alla dans le salon éteindre la lumière et, quand elle revint à la cuisine, elle trouva Emily toujours assise à table, la tête dans les mains et l'air songeur.

– Tu rêves encore à l'anneau magique, non ?

Elle eut un petit rire et tapota le dos d'Emily.

– Voyons, Emily, dit-elle en secouant la tête, le problème avec toi, c'est que depuis que tu fréquentes une sorcière, tu vois de la magie partout. À propos, est-ce que je t'ai dit que je n'ai plus de parapluie magique ?

– Non, c'est pas vrai ?

– Mais si. Tu ne te souviens pas ? J'ai cassé l'ancien en me battant avec un esprit maléfique et il est inutilisable [1]. Quant au nouveau, celui que Jonathan m'a offert à Noël, je n'ai rien pu en faire. Je suis quand même une sorcière, bien sûr, et je peux toujours faire apparaître une allumette en claquant des doigts. Mais pour les affaires plus sérieuses où la magie doit être puissante… j'ai bien peur de ne plus être à la hauteur. Rien à faire.

Emily se sentit vraiment désolée. Elle avait vu le parapluie magique de Mme Zimmermann à l'œuvre. La plupart du temps, ce n'était qu'un vieux parapluie noir miteux, mais il suffisait que Mme Zimmermann prononce certaines paroles pour qu'il se transforme en une longue baguette surmontée d'une boule de cristal où brillait une étoile violette. C'était de là que provenaient tous ses pouvoirs. Et maintenant, ils avaient disparu. Disparu pour de bon.

---

1. Voir le tome 2 : *La Médaille ensorcelée.*

– Vous ne pouvez vraiment rien faire, madame Zimmermann ? demanda Emily.

– Hélas non, Emily. Je ne peux plus pratiquer que la magie ordinaire, tout comme Jonathan, et il va falloir que je m'y fasse, que je le veuille ou non. Bon, va vite te coucher. Nous avons une longue journée de voyage en perspective.

Toute ensommeillée, Emily monta l'escalier. Elle allait dormir dans la chambre d'amis, une pièce très agréable, décorée de violet comme toute la maison de Mme Zimmermann. Son papier peint était parsemé de petits bouquets de violettes et il y avait dans un coin un pot de chambre en porcelaine violette. Un tableau représentant un intérieur où dominait le violet était accroché au-dessus de la commode. Il était signé « H. Matisse ». Le célèbre peintre français l'avait offert à Mme Zimmermann lors d'un séjour à Paris juste avant la Première Guerre mondiale.

Emily était couchée sur le dos, appuyée sur son oreiller. Comme suspendue au-dessus de la maison de Jonathan, la lune projetait une lueur argentée sur ses tourelles, ses pignons et ses toits pentus. Emily sentait le sommeil la gagner. Sa tête fourmillait d'étranges images de parapluies et d'anneaux magiques se poursuivant sans trêve. Elle pensait à la lettre d'Oley. Et s'il y avait vraiment chez lui un

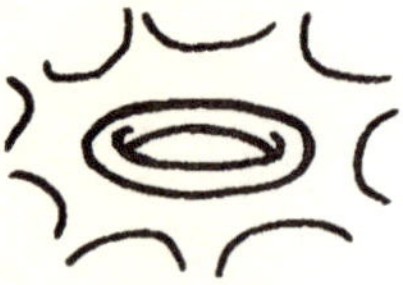

anneau magique, caché dans le tiroir de son bureau ? Ce serait drôlement passionnant. Emily soupira et se tourna sur le côté. Mme Zimmermann était une personne intelligente et avisée qui savait de quoi elle parlait, et elle avait probablement raison pour le vieil anneau. Cette histoire était inventée de toutes pièces. Mais en plongeant dans le sommeil, Emily ne pouvait s'empêcher de penser qu'elle aurait bien aimé que la lettre d'Oley dise vrai.

Chapitre 2

Le lendemain matin, Mme Zimmermann fit des chaussons aux pommes pour le petit déjeuner. Au moment où elle sortait le plat du four, la porte de la cuisine s'ouvrit, livrant passage à Kévin et Jonathan. Kévin portait son uniforme scout flambant neuf ainsi qu'un foulard rouge vif portant dans le dos les initiales BSA[1]. Ses cheveux soigneusement peignés étaient partagés par une raie et lissés à la

1. Pour Boy Scouts of America, « garçons scouts d'Amérique ». *(N.d.T.)*

brillantine. Il était suivi de son oncle Jonathan, toujours identique à lui-même, hiver comme été : la barbe rousse, la pipe à la bouche, le pantalon beige délavé, la chemise bleue et le gilet rouge.

– Salut, vieille chouette ! lança Jonathan joyeusement. Les chaussons sont cuits ?

– La première fournée est prête, vieux chnoque, dit Mme Zimmermann d'un ton sec en posant le lourd plat de métal sur la table, et il n'y en aura que deux. Tu crois que tu pourras te contenter de quatre chaussons ?

– J'aurai de la chance si j'en ai un, vu que tu les distribues au compte-gouttes, vieille sorcière ! Fais attention à sa fourchette, Kévin. Elle me l'a plantée dans le dos de la main la semaine dernière !

Jonathan et Mme Zimmermann continuèrent à plaisanter de la sorte jusqu'à ce que le petit déjeuner soit prêt. Puis ils s'assirent à table avec Kévin et Emily et tout le monde se mit à manger en silence. Kévin n'osait pas croiser le regard d'Emily car il avait toujours mauvaise conscience de l'abandonner pour les vacances. Mais il s'aperçut rapidement qu'elle avait l'air très contente, et Jonathan le remarqua aussi.

– Mais qu'est-ce qui se passe ? s'écria Jonathan qui n'y tenait plus. Vous nous cachez quelque chose ? Emily est plutôt pimpante, on dirait !

– Rien d'extraordinaire, répondit Emily avec un grand sourire. Je vais juste partir avec Mme Zimmermann explorer une vieille ferme abandonnée qui est censée être hantée. Un vieux fou y a planqué un anneau magique et il s'est ensuite pendu dans la grange.

Kévin et Jonathan la regardèrent, bouche bée. Emily avait un peu enjolivé les choses. C'était un de ses défauts. Elle disait généralement la vérité, mais quand l'occasion était trop tentante, elle pouvait inventer des trucs complètement stupéfiants.

Mme Zimmermann lui lança un regard sévère.

– Tu devrais écrire des romans, lui dit-elle sèchement.

Puis elle se tourna vers Kévin et Jonathan.

– Malgré ce que semble prétendre mon amie, je ne tiens pas une agence de voyages ésotériques ! Tu te souviens de mon cousin Oley, Jonathan ? Eh bien, il est mort et il m'a laissé sa ferme. Je vais donc aller sur place voir les lieux et visiter un peu la région, et j'ai demandé à Emily de m'accompagner. Excuse-moi de ne pas t'avoir prévenu plus tôt, Jonathan, mais j'avais peur que tu ne saches pas tenir ta langue et que tu en parles à Kévin. Tu sais comme tu gardes bien les secrets !...

Jonathan fit une grimace à sa vieille amie qui fit semblant de ne pas la voir.

– Bon ! Toujours est-il que vous avez maintenant tous les deux de quoi faire cet été, et c'est ce qu'il fallait ! ajouta-t-elle en se calant contre le dossier de sa chaise et en faisant un grand sourire à Emily et Kévin.

– Ouais, dit Kévin d'un air maussade.

Il se demandait si ce n'était pas Emily qui, en fin de compte, avait tiré le bon numéro.

Après le petit déjeuner, Kévin et Emily s'offrirent à faire la vaisselle. Mme Zimmermann monta dans son bureau chercher la lettre d'Oley pour la montrer à Jonathan. Il la lut d'un œil pensif pendant qu'Emily lavait la vaisselle et que Kévin l'essuyait. Assise à la table de la cuisine, Mme Zimmermann chantonnait en fumant un cigare. Quand il eut terminé la lettre, Jonathan la lui rendit sans rien dire, l'air songeur.

Quelques minutes plus tard, il se leva et retourna chez lui. Il recula sa grosse voiture noire le long de l'allée et la gara contre le trottoir. Sur le siège arrière s'entassaient les affaires que Kévin devait emporter au camp : matériel de couchage, sac à dos, manuel de scoutisme, chaussures de marche, ainsi qu'une boîte remplie de biscuits au chocolat – la spécialité de Mme Zimmermann.

Emily et Mme Zimmermann les accompagnèrent sur le trottoir. Jonathan se mit au volant et Kévin s'assit à côté de lui.

– Eh bien, au revoir, et bon voyage ! leur dit Mme Zimmermann. Amuse-toi bien au camp, Kévin !

– Merci, madame Zimmermann, lui répondit Kévin en agitant la main.

– Amusez-vous bien aussi toutes les deux au fin fond du Michigan, ajouta Jonathan. Oh, à propos, Florence…

– Oui, qu'est-ce qu'il y a ?

– Une petite chose : je crois que tu devrais bien inspecter le bureau d'Oley pour voir si rien n'est caché à l'intérieur. On ne sait jamais…

Mme Zimmermann éclata de rire.

– Si je trouve un anneau magique, je te l'enverrai par la poste, promis ! Mais n'y compte pas trop ! Tu te souviens d'Oley, Jonathan, tu sais bien qu'il était timbré.

Jonathan enleva sa pipe de sa bouche et regarda Mme Zimmermann droit dans les yeux.

– Oui, je sais. Mais fais quand même bien attention.

– D'accord, bien sûr, je ferai attention, lança Mme Zimmermann d'un air insouciant – il lui semblait qu'il n'y avait vraiment pas lieu de s'inquiéter.

Il y eut encore des au revoir et des signes de la main, puis Jonathan démarra. Mme Zimmermann dit alors à Emily de vite rentrer chez elle faire ses bagages pendant qu'elle-même préparait les siens. Emily descendit la rue en courant, toute excitée et impatiente de partir. Mais en ouvrant la porte d'entrée de sa maison, elle entendit son père qui disait :

– J'espère que, la prochaine fois, tu me demanderas mon avis avant de laisser notre fille partir en balade avec la dingo de la ville ! Pour l'amour du ciel, Louise, tu n'as donc aucune…

Mme Pottinger lui coupa la parole :

– Mme Zimmermann n'est pas la dingo de la ville, dit-elle avec fermeté. C'est une personne sérieuse et responsable qui a beaucoup d'affection pour Emily.

– Sérieuse et responsable, tu veux rire ! Elle fume le cigare et fréquente M. Machintruc, ce vieux barbu plein de fric qui fait des tours de magie, tu te souviens peut-être de son nom…

– Bien sûr que je m'en souviens ! Et je te rappelle que, depuis plus d'un an, ta fille est la meilleure amie du neveu de ce M. Machintruc, et que la moindre des choses serait de connaître son nom. Mais je ne vois toujours pas pourquoi...

Et ainsi de suite. M. et Mme Pottinger discutaient dans la cuisine dont la porte était fermée. Mais M. Pottinger avait la voix forte, même quand il parlait normalement, et Mme Pottinger avait élevé le ton pour ne pas être en reste. Emily les écouta un moment. Elle savait par expérience qu'il valait mieux ne pas s'en mêler. Puis elle monta l'escalier sur la pointe des pieds et se mit à faire ses bagages.

Elle prit son vieux sac de voyage noir tout usé dans lequel elle fourra sous-vêtements, tee-shirts, jeans, brosse à dents, dentifrice et tout ce dont elle pensait avoir besoin. Elle était ravie de ne pas devoir emporter de robes, de chemisiers et de jupes. Mme Zimmermann ne lui avait jamais demandé de faire des efforts vestimentaires et la laissait s'habiller comme elle voulait. Un brusque sentiment de désespoir envahit Emily à la pensée qu'elle ne pourrait pas rester éternellement un garçon manqué. Les jupes et les bas, le rouge à lèvres et les houppettes, les rendez-vous et les soirées dansantes, voilà ce qui l'attendait dans les mois à venir. Elle aurait tellement voulu être un garçon. Elle aurait pu alors…

Emily entendit klaxonner dans la rue. C'était sûrement Mme Zimmermann ! Elle boucla son sac et descendit les marches quatre à quatre. Sur le pas de la porte d'entrée, sa mère l'attendait en souriant. Son père était parti et la tempête s'était apparemment calmée. Mme Zimmermann venait de garer sa nouvelle voiture le long du trottoir. Elle était au volant d'une Plymouth 1950 flambant neuve, une conduite intérieure haute et carrée avec une sorte de malle à l'arrière. Une baguette chromée divisait le pare-brise en deux et, sur le côté de la carrosserie, une inscription en petites majuscules carrées précisait le nom du modèle : CRANBROOK. La voiture qu'on lui avait livrée était vert vif, ce qui l'avait beaucoup contrariée car elle l'avait commandée bordeaux, mais elle n'avait pas eu le courage de la renvoyer.

– Salut Emily, salut Louise ! cria Mme Zimmermann en leur faisant signe. C'est une belle journée pour partir en balade, non ?

– Plutôt ! dit Mme Pottinger en souriant.

Elle était vraiment contente qu'Emily puisse faire ce voyage avec sa vieille amie. La famille devait rester tout l'été à New Zebedee à cause du travail de M. Pottinger, et elle savait que sa fille se serait sentie très seule sans Kévin. Elle n'avait heureusement aucune idée des pouvoirs magiques de Mme Zimmermann et refusait de croire les rumeurs qui couraient à son sujet.

Emily embrassa sa mère.

– Au revoir, maman. À bientôt !

– À bientôt, amuse-toi bien ! dit Mme Pottinger. Envoie-moi une carte postale quand vous arriverez à Petoskey !

– D'accord !

Emily descendit les marches du perron, jeta son sac sur le siège arrière et fit le tour de la voiture pour s'asseoir à côté de la conductrice. Mme Zimmermann embraya et la voiture descendit la rue du Château. Le voyage venait de commencer.

Mme Zimmermann et Emily prirent la nationale 12 pour rejoindre la 131 qui, tout droit vers le nord, montait en direction de Grand Rapids. C'était une belle journée ensoleillée. Les poteaux téléphoniques, les arbres du bas-côté et les panneaux publicitaires défilaient à toute allure. Des engins agricoles s'activaient dans les champs, des machines peintes de couleurs vives – bleues, vertes, rouges et jaunes. De temps à autre, Mme Zimmermann devait se garer sur

AT DU JOUR
CISSES GRILLÉES
ET
ENTILLES
GALERIE
COMOL
CONCERT
20H
3
TOMATO

l'accotement pour laisser passer un tracteur tirant une longue barre de coupe.

Une fois arrivées à Grand Rapids, Mme Zimmermann et Emily commencèrent par déjeuner dans un petit restaurant. Il y avait un flipper dans un coin de la salle et Mme Zimmermann voulut à tout prix y jouer. C'était une vraie championne qui savait actionner les poussoirs et qui, dès qu'elle connaissait un peu l'appareil, sentait avec quelle force le secouer pour que la lumière TILT ne s'allume pas. Quand elle eut fini, elle avait gagné trente-cinq parties gratuites et les laissa aux clients du restaurant qui n'avaient jamais vu de dame jouer au flipper et la regardaient bouche bée.

Après le déjeuner, Mme Zimmermann fit quelques courses dans une épicerie et une boulangerie. Pour le dîner, elle avait prévu un pique-nique à leur arrivée à la ferme et, dans la grande glacière rangée dans la malle, elle entassa du saucisson, du jambon, du pâté, des glaces à la vanille, un litre de lait, trois bouteilles de limonade et un pot de cornichons. Puis elle plaça dans un panier deux miches de pain frais et un gâteau au chocolat. Elle acheta ensuite un peu de glace pilée dans une station d'essence et la mit dans la glacière pour garder les provisions au frais. Il faisait terriblement chaud. En quittant la ville, elles passèrent devant un panneau indiquant une température de 35 °C.

Mme Zimmermann avait décidé de rouler sans s'arrêter jusqu'à la ferme. Le relief devenait de plus en plus accidenté à mesure qu'elles montaient vers

le nord. Les côtes étaient parfois si impressionnantes qu'il leur semblait que la voiture n'arriverait jamais à les gravir. Il était ensuite curieux de voir comme la pente s'aplanissait à mesure que l'auto grimpait. Emily ne voyait plus autour d'elle que des pins. La merveilleuse fraîcheur de leur odeur passait par les vitres ouvertes. Elles filaient à toute allure et approchaient des immenses forêts du nord du Michigan.

En fin d'après-midi, Emily et Mme Zimmermann progressaient lentement sur une route caillouteuse en écoutant la météo à la radio lorsque, brusquement, la voiture se mit à ralentir et finit par caler. Mme Zimmermann remit le contact et pompa sur l'accélérateur, mais n'en tira que les hoquets d'un moteur qui n'arrive pas à démarrer. Au bout d'une quinzaine de tentatives, elle s'appuya sur le dossier en poussant quelques jurons à voix basse, et son regard se posa par hasard sur la jauge d'essence.

– Oh non, c'est pas vrai ! gémit-elle en se penchant.

Elle tapa plusieurs fois son front contre le volant.

– Qu'est-ce qui se passe ? lui demanda Emily.

Mme Zimmermann avait l'air consternée.

– Rien de grave, Emily. Nous sommes en panne d'essence, c'est tout. J'étais censée faire le plein à la station où nous avons acheté la glace, mais j'ai oublié.

Emily plaqua une main sur sa bouche.

– Oh non !

– Si, si. Heureusement, nous ne sommes qu'à quelques kilomètres de la ferme. Nous pourrions presque laisser l'auto ici et y aller à pied, mais ce n'est même pas la peine. Il y a une station d'essence un peu plus loin. Du moins, il y en avait une avant.

Mme Zimmermann et Emily descendirent de voiture et se mirent à marcher. Le soleil était sur le point de se coucher. Des nuées de moucherons voltigeaient dans l'air du soir et les ombres des arbres s'allongeaient sur la route. Des lueurs rougeoyantes perçaient ça et là à travers leur feuillage. La poussière volait sous les pieds des voyageuses qui marchaient d'un bon pas, montant allègrement les côtes et dévalant les descentes. Quand elles arrivèrent à la station, le soleil venait de disparaître.

C'était en fait une épicerie qui, comme souvent à la campagne, vendait également de l'essence. Entourée d'une sombre forêt de pins, la bâtisse était en bois, peinte en blanc, avec une grande vitrine sur la façade. On voyait à travers des rangées de marchandises empilées une caisse enregistreuse sur un comptoir tout au fond. Des lettres vertes, qui avaient autrefois dû indiquer ÉPICERIE, étaient encore visibles sur la vitrine, mais il ne restait que les quatre dernières – ERIE. Devant le magasin, deux pompes à essence rouges étaient surmontées d'une petite enseigne ronde où un cheval volant se détachait en rouge sur un fond blanc. Il figurait aussi sur un grand panneau près des pompes. Dans le pré envahi de mauvaises herbes qui longeait le magasin, il y avait un poulailler entouré d'un enclos, mais il était vide. Son toit en papier goudronné s'était écroulé d'un côté, et la bassine d'eau près du grillage était couverte d'une épaisse couche d'écume verte.

– Bon, nous y sommes, dit Mme Zimmermann en s'essuyant le front. Si Gert Bigger veut bien sortir de son antre pour nous servir, nous serons tirées d'affaire.

– Vous connaissez la dame qui tient ce magasin ? lui demanda Emily d'un air surpris.

Mme Zimmermann soupira.

– Je crois que oui. Ça fait pas mal de temps que je ne suis pas venue dans le coin, mais la dernière fois que j'ai rendu visite à Oley, il y a cinq ou six ans, c'est Gert Bigger qui tenait ce magasin. Elle est sans doute toujours là, nous allons bien voir.

En s'approchant de la devanture, Emily et Mme Zimmermann remarquèrent un petit chien noir couché en haut des marches de l'entrée. Il sauta sur ses pattes dès qu'il les vit et se mit à aboyer. Emily avait peur de se faire mordre, mais Mme Zimmermann garda son calme. Elle monta rapidement quelques marches, mit les mains sur les hanches et lui cria de se taire. Le chien tint bon et aboya plus fort, mais au moment où il allait recevoir un coup de pied bien placé, il sauta sur le côté en bas de l'escalier et se sauva en courant dans les buissons.

– Sale clébard, grommela Mme Zimmermann.

Elle monta les dernières marches et ouvrit la porte du magasin.

Un petit carillon tinta – *ding dong*. La lumière était allumée, mais il n'y avait personne derrière le comptoir. Quelques minutes passèrent. Mme Zimmermann et Emily patientèrent et, finalement, un bruit de pas lourds se fit entendre à l'arrière de la boutique. Une porte s'ouvrit en vibrant au fond de la salle et Gert Bigger entra. C'était une grande femme maigre à l'air revêche, vêtue d'une robe informe qui avait l'allure d'un sac. Elle parut étonnée de voir Mme Zimmermann.

– Tiens, c'est toi ! Ça fait longtemps que tu n'es pas venue dans le coin. Qu'est-ce que tu veux ?

Gert Bigger semblait si désagréable qu'Emily se demanda si elle n'avait pas une vieille rancœur contre Mme Zimmermann.

– Je voudrais juste un peu d'essence, si cela ne te dérange pas, répondit celle-ci d'une voix calme. Nous sommes tombées en panne pas très loin d'ici.

– Une minute, dit Gert Bigger d'un ton sec.

Elle prit l'allée centrale du magasin jusqu'à la porte d'entrée qu'elle claqua en sortant.

– Dites donc, elle est drôlement grincheuse ! s'exclama Emily.

Mme Zimmermann secoua tristement la tête.

– Oui, et chaque fois que je la vois, elle est de pire en pire. Viens, prenons notre essence et allons-nous-en.

Après s'être affairée un bon moment en maugréant, Gert Bigger trouva un vieux bidon et le remplit. L'odeur de l'essence plaisait à Emily et elle aimait bien voir défiler les chiffres sur le compteur de la pompe. Quand ils s'immobilisèrent, Gert remit en place le tuyau et annonça le prix. Il était exactement le double de celui que marquait le compteur.

Mme Zimmermann la regarda en fronçant les sourcils. Elle se demandait si elle plaisantait.

– C'est une blague, Gertie ? Regarde le compteur !

– Ce n'est pas une blague, ma chère. Tu me payes ce que je te demande, ou tu marches à pied jusqu'à la ferme. C'est le prix spécial que je fais à mes amis, ajouta-t-elle en ricanant.

Mme Zimmermann hésita un instant, ne sachant que faire. Emily espérait qu'elle allait agiter la main et transformer instantanément Gert Bigger en crapaud ou autre chose de ce genre. Mais en définitive, Mme Zimmermann poussa un profond soupir et ouvrit son porte-monnaie.

– Tiens ! Grand bien te fasse. Allez, viens Emily, on retourne à la voiture.

– D'accord.

Mme Zimmermann prit le bidon et elles repartirent en sens inverse. Dès qu'elles eurent passé le premier virage, Emily lui demanda :

– Qu'est-ce qui s'est passé avec cette vieille dame ? Comment se fait-il qu'elle soit furieuse contre vous ?

– Elle est furieuse contre tout le monde, Emily, contre le monde entier. Je l'ai connue dans ma jeunesse, quand je venais passer les grandes vacances à la ferme, et l'été de mes dix-huit ans, nous nous sommes disputées le même garçon. Il s'appelait Mordecai Hunks et c'est moi qui ai gagné. Mais nous ne sommes pas restés ensemble très longtemps. Nous avons rompu à la fin de l'été et je ne sais pas qui il a épousé.

– Gert Bigger était furieuse contre vous parce que vous lui aviez pris son petit ami ?

– Et comment ! dit Mme Zimmermann en riant et en secouant la tête. Et je crois bien qu'elle l'est encore ! Elle est terriblement rancunière. Elle se souvient de trucs qu'ont dit les gens il y a des années et ne pense qu'à se venger d'eux. Mais je dois dire que je ne l'avais jamais vue se comporter comme ça. Je me demande ce qui lui a pris.

Mme Zimmermann s'arrêta au milieu de la route et se retourna. Elle regarda un moment dans la direction du magasin de Gert Bigger en se frottant le menton. Elle avait l'air de réfléchir. Puis elle fit demi-tour en haussant les épaules et se remit à marcher.

La nuit tombait. On entendait les grillons dans l'herbe des bas-côtés. Un lapin fila comme une flèche et disparut dans les buissons.

Mme Zimmermann et Emily virent au loin la voiture qui les attendait patiemment sous le clair de lune. Emily trouva qu'elle ressemblait à une personne car elle avait une sorte de visage. Ses phares étaient fixes comme les yeux des vaches, mais sa calandre évoquait plutôt la bouche d'un poisson – triste et lippue. Elle avait l'air peinée, tout en restant très digne.

– La Plymouth est une belle voiture, non ? dit Emily.

– Oui, c'est vrai, lui répondit Mme Zimmermann en se grattant pensivement le menton. Pour une voiture verte, elle n'est pas mal.

– Et si on lui donnait un nom ? s'écria soudain Emily.

Mme Zimmermann sembla étonnée.

– Un nom ? Oui, pourquoi pas ? Comment aimerais-tu l'appeler ?

– Bessie.

Emily avait un jour connu une vache nommée Bessie. Elle trouvait que ce nom convenait parfaitement à cette automobile aux yeux fixes qui les avait attendues si patiemment.

Mme Zimmermann vida le bidon dans le réservoir et, quand elle tourna la clé de contact, Bessie démarra au quart de tour. Emily applaudit et elles reprirent la route.

En passant devant la station de Gert Bigger, Mme Zimmermann s'arrêta pour déposer le bidon vide à côté des pompes. La voiture repartit vers la ferme et Emily vit que la forêt qui entourait le magasin longeait maintenant la route.

– Elle est immense, cette forêt, madame Zimmermann, dit-elle en la désignant du doigt sur sa droite.

– Oui, c'est une forêt d'État, tu sais. Elle continue jusqu'à la ferme d'Oley, puis remonte ensuite vers le nord sur une très longue distance. Elle est magnifique, mais mieux vaut ne pas s'y perdre. On pourrait y errer pendant des jours avant qu'on nous retrouve.

Tout en roulant, Emily se demandait à quoi ressemblerait la ferme d'Oley. Elle y avait pensé pendant tout le trajet et s'en était faite une image très précise. Correspondrait-elle à la réalité ? Elle allait maintenant le savoir. Encore quelques montées, quelques descentes, quelques virages, puis elles s'engagèrent sous la voûte feuillue d'une route étroite bordée d'arbres, en cahotant dans les ornières. Et brusquement, elle vit la ferme d'Oley.

Elle ne ressemblait pas à ce qu'elle avait imaginé, mais elle lui plut. La grange était un long bâtiment blanc qui, comme Bessie, avait elle aussi un visage : deux fenêtres pour les yeux et une grande porte pour la bouche. À côté se dressait la maison, une bâtisse très simple de forme carrée surmontée d'une petite coupole. Tout semblait à l'abandon. De hautes herbes poussaient dans la cour et la boîte aux lettres était rouillée. Une des fenêtres de la grange était cassée et un oiseau s'envola par cette ouverture. Au loin, on apercevait la forêt.

Mme Zimmermann s'arrêta devant la grange. Elle descendit de voiture et poussa la lourde porte coulissante avec l'aide d'Emily. À l'intérieur, l'air était plus frais et une légère odeur de foin et de fumier y flottait. Il y avait deux longues rangées de stalles vides pour le bétail et, au-dessus, il restait du foin. De vieilles plaques d'immatriculation datant de 1917 et 1923 étaient clouées aux traverses de la faucheuse. Tout en haut, sous les chevrons, la forme sombre d'un oiseau volait de-ci de-là. Emily et Mme Zimmermann s'étaient immobilisées et gardaient le silence. La hauteur du toit leur donnait presque l'impression d'être à l'église.

Ce fut Mme Zimmermann qui rompit le charme.

– Allez, viens ! On va prendre le panier de pique-nique, la glacière, et ouvrir la maison. Je meurs de faim.

– Moi aussi ! dit Emily.

Mais quand Mme Zimmermann poussa la porte d'entrée et alluma l'électricité, elles eurent un choc. On aurait dit qu'une tornade avait dévasté l'intérieur. Tout était éparpillé sur le sol. Les tiroirs avaient été arrachés des commodes et des placards et leur contenu renversé par terre. Les tableaux avaient été décrochés des murs. Les livres avaient été retirés de la petite bibliothèque étroite qui se trouvait dans l'entrée.

– Mon Dieu ! s'écria Mme Zimmermann. Mais qu'est-ce qui s'est passé ?

Elle se retourna pour regarder Emily et elles eurent toutes deux la même pensée.

Emily suivit Mme Zimmermann dans la pièce qui servait de bureau à Oley. Il y avait contre le mur un énorme secrétaire, grand ouvert, dont les casiers étaient tous vides. On distinguait des traces de doigts dans la poussière qui le recouvrait, et le plumier avait été renversé. Tous les tiroirs avaient été enlevés et jonchaient le sol. Dans la rangée de droite, l'encadrement de celui du bas était entaillé et fendu – c'était apparemment le seul qui était fermé à clé. Il gisait par terre, le devant éclaté, et contenait un étui de montre recouvert de cuir noir.

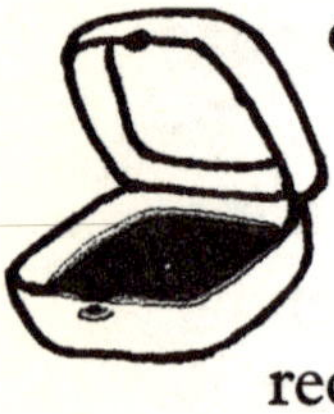

Mme Zimmermann s'agenouilla, le ramassa et l'ouvrit. Un petit écrin carré, recouvert de velours bleu, se trouvait à l'intérieur. Sans prononcer un mot, Mme Zimmermann souleva son couvercle. Emily se pencha sur son épaule pour mieux voir.

Un minuscule coussin de velours noir reposait au fond. Il avait une fente qui semblait avoir été élargie, comme si on y avait glissé quelque chose de trop épais. Mais la petite boîte bleue était vide.

Chapitre 3

Agenouillée sur le plancher encombré, Mme Zimmermann regardait fixement la petite boîte vide. Soudain, elle éclata de rire.

– Ha ! Ha ! Ha ! Le cambrioleur a dû être bien attrapé !

– Que voulez-vous dire, madame Zimmermann ? dit Emily interloquée.

Celle-ci se releva et épousseta ses vêtements. D'un air indifférent, elle jeta la boîte dans le tiroir vide.

– Mais c'est tout simple, Emily. Tu ne comprends pas ? Oley a dû raconter partout cette histoire idiote d'anneau magique et quelqu'un s'est imaginé qu'il avait un objet de valeur caché dans la maison. On n'est pas forcé de croire qu'un bijou est magique pour avoir envie de le voler ! Les anneaux et les bagues sont généralement en or ou en argent, et parfois même incrustés de diamants, de rubis ou d'autres pierres précieuses. Après la mort d'Oley, cette personne a dû s'introduire ici. Et j'imagine ce qu'elle a dû trouver ! Sans doute un vieux joint de robinet ! Bon, ça aurait pu être pire. Elle aurait pu mettre le feu à la maison ! Mais elle a laissé une telle pagaille que nous allons devoir faire un peu de rangement. Et, tu sais…

Mme Zimmermann continua de bavarder en rangeant le bureau d'Oley – les crayons dans leur plumier et les gommes dans leur casier. « Je ne suis pas dupe », pensa Emily. Elle voyait bien que Mme Zimmermann essayait de donner le change. Elle avait vu sa main trembler en ouvrant l'écrin. Elle l'avait vue pâlir. « L'anneau magique existe donc vraiment, se dit Emily. Je me demande à quoi il ressemble. Je voudrais bien savoir qui l'a pris et ce que cette personne va en faire. » Emily se retrouvait en plein mystère, et toute cette histoire l'intriguait tellement qu'elle en oubliait d'avoir peur.

Il n'était pas loin de minuit quand Emily et Mme Zimmermann finirent par s'asseoir pour dîner. Elles déballèrent leur pique-nique sur la table de la cuisine et trouvèrent des assiettes poussiéreuses et de vieux couverts ternis dans le placard au-dessus de l'évier. Puis elles montèrent enfin se coucher. En haut de l'escalier, il y avait deux chambres attenantes ayant chacune un petit lit de bois en chêne foncé. En fouillant dans un placard à linge au bout du couloir, elles dénichèrent des draps propres qui sentaient le renfermé. Elles firent leur lit et se souhaitèrent bonne nuit.

Emily eut du mal à s'endormir. C'était une nuit calme et chaude, sans un souffle d'air. Devant la fenêtre ouverte, les rideaux pendaient, immobiles. Elle se tourna et se retourna, mais rien n'y fit. Elle finit par allumer la lampe de chevet, se leva pour aller chercher dans son sac le livre qu'elle avait emporté, et s'assit dans son lit en remontant son oreiller. C'était *L'Île au trésor*. Bon, où en était-elle ? Ah oui bien sûr ! Ce passage était passionnant. Long John Silver avait capturé Jim, et il cherchait avec les pirates le trésor du capitaine Flint. Jim avait un filin noué autour de la taille et Silver le traînait sur le sable en clopinant allègrement sur sa béquille…

Toc, toc, toc. Tout en lisant, Emily entendit vaguement un bruit qu'elle situa tout d'abord dans sa tête. Au cours de ses lectures, elle s'imaginait très souvent voir, entendre ou sentir ce dont parlait le roman. C'était sans doute le martèlement de la béquille de Long John Silver. *Toc, toc, toc, toc*... Non, ce n'était pas ça... Ça ressemblait plutôt au tapotement d'une pièce de monnaie sur une table... et, de toute manière, une béquille ne fait pas de bruit sur le sable. Elle ne...

La tête d'Emily s'inclina et le livre lui tomba des mains. Elle le sentit et se secoua violemment. « Je suis vraiment idiote de m'endormir comme ça ! » pensa-t-elle. Elle se souvint alors qu'elle s'était mise à lire pour essayer de s'endormir. « Eh bien, ça marche ! » se dit-elle avec un grand sourire. *Toc, toc, toc*. Le bruit recommença. D'où pouvait-il bien venir ? Certainement pas de sa tête... il venait de la chambre voisine ! Emily compris brusquement ce que c'était : Mme Zimmermann tapotait sa bague sur quelque chose de dur.

Mme Zimmermann avait une bague ornée d'une grosse pierre violette, ce qui n'avait rien d'étonnant puisque c'était sa couleur préférée. Ce n'était pas un anneau magique, mais un simple bijou fantaisie qu'elle aimait bien. Elle l'avait trouvé à Coney Island et la portait tout le temps. Et chaque fois qu'elle réfléchissait et se concentrait profondément, elle tapotait sa bague sur ce qu'elle avait sous la main – un bras de fauteuil, une table ou une étagère de bibliothèque. La porte communicante était fermée, mais Emily l'imaginait très bien, couchée dans son lit sans dormir, les yeux fixés au plafond et tambourinant contre le montant du lit. À quoi pouvait-elle bien réfléchir ? À l'anneau, probablement – l'autre bijou, celui qui avait été volé. Emily aurait bien aimé discuter avec elle de toute cette histoire, mais elle savait qu'il valait mieux ne pas aborder le sujet. Mme Zimmermann ne lui dirait rien si elle se risquait à lui parler de l'anneau magique d'Oley Gunderson.

Emily haussa les épaules et soupira. Elle ne pouvait rien faire et elle avait sommeil maintenant. Elle tapota son oreiller, éteignit la lumière, s'allongea et, en un rien de temps, se mit à ronfler paisiblement.

Le lendemain matin, de bonne heure, Emily et Mme Zimmermann rassemblèrent leurs affaires, refermèrent la maison et reprirent la route pour Petoskey. À leur arrivée, elles prirent d'abord leur petit déjeuner dans un snack, puis allèrent voir le notaire d'Oley. Elles remontèrent ensuite en voiture et partirent en direction du détroit de Mackinac qu'elles traversèrent l'après-midi dans un

ferry-boat, le *Ville d'Escabana*. Le ciel était gris et il pleuvait. Le bateau avançait péniblement dans les eaux agitées du détroit. Sur leur droite, Mme Zimmermann et Emily distinguaient à peine l'île de Mackinac, une petite tache grise et floue sur l'horizon. Le soleil se couchait quand le *Ville d'Escabana* arriva à St Ignace. Elles étaient maintenant dans l'autre partie de l'État – une sorte de péninsule située au nord du lac Michigan – et elles avaient deux grandes semaines devant elles pour l'explorer.

Le voyage commença bien. Après avoir vu les chutes de Tahquamenon, elles suivirent la rive du lac Supérieur. Elles se photographièrent devant les Pictured Rocks. Elles traversèrent de gigantesques forêts de pins et s'arrêtèrent au bord de cours d'eau rougis par le minerai de fer qu'ils charriaient. Elles visitèrent des villes aux noms étranges, comme Ishpeming, Germfask et Ontonagon. Le soir, elles logeaient chez l'habitant, car Mme Zimmermann avait horreur de ces nouveaux motels qui poussaient comme des champignons partout dans la région. Elles louaient deux chambres dans de vieilles maisons peintes en blanc donnant sur de petites rues ombragées, des maisons avec des vérandas, des moustiquaires, des volets verts et des treillages couverts de volubilis et de roses trémières.

Elles s'y installaient pour la nuit, s'asseyaient dans la véranda pour jouer aux cartes ou aux échecs et buvaient du thé glacé, bercées par le chant des grillons. Quand il y avait une radio dans la chambre, Emily écoutait le reporter commenter les matchs nocturnes de l'équipe des Tigers de Detroit jusqu'à ce qu'elle s'endorme. Et le matin, elles prenaient leur petit déjeuner dans un bar ou un snack avant de reprendre la route.

Le quatrième jour de leur odyssée, il se produisit quelque chose d'étrange.

C'était la fin de l'après-midi. Emily et Mme Zimmermann se promenaient dans la rue principale d'une petite ville. Les façades des boutiques étaient illuminées par les dernières lueurs du soleil qui se couchait au loin. Elles venaient de dîner et se dégourdissaient simplement les jambes après une longue journée de voiture. Emily s'apprêtait à rentrer lorsque Mme Zimmermann s'arrêta pour regarder la vitrine d'un brocanteur. Elle adorait fureter dans ce genre d'endroit et pouvait y passer des heures, si bien qu'il fallait parfois l'en arracher de force.

En jetant un coup d'œil sur la devanture, Mme Zimmermann vit que le magasin était encore ouvert. Il était 21 heures, mais les brocanteurs ont souvent des horaires bizarres. Elle entra, suivie

d'Emily, et s'avança parmi des chaises branlantes tapissées de velours miteux, des bibliothèques abritant quelques livres, et de vieilles tables de salle à manger couvertes d'un incroyable bric-à-brac. Elle s'arrêta devant l'une d'elles et tendit la main pour prendre une salière et une poivrière en forme de balle et de gant de base-ball.

– Ça te ferait plaisir, Emily ? demanda-t-elle en riant.

– Oh oui ! lui répondit Emily qui aimait tout ce qui concernait ce sport. Je les trouve très rigolotes, madame Zimmermann, et je pourrais les mettre sur mon bureau !

– D'accord, dit Mme Zimmermann qui riait toujours.

Elle régla au marchand les 25 cents qu'il demandait pour ces bibelots et continua à fureter. À côté d'une coupe poussiéreuse pleine de boutons de nacre étaient empilées de vieilles photographies tirées sur un épais papier cartonné et, vu les vêtements que portaient les personnes photographiées, elles étaient certainement très anciennes. Tout en fredonnant, Mme Zimmermann les regardait distraitement quand, brusquement, elle se figea, le souffle coupé.

Emily, qui n'était pas loin, se retourna et la regarda. Mme Zimmermann était toute pâle et tenait une photographie dans sa main tremblante.

– Qu'est-ce qu'il y a, madame Zimmermann ?

– Viens... viens voir, Emily. Regarde-moi ça !

Emily s'approcha et regarda la photo qu'elle lui tendait. C'était celle d'une femme en robe longue, une vieille robe longue d'autrefois. Elle était debout au bord d'une rivière et tenait à la main une pagaie. Derrière elle, à côté d'un canoë tiré sur la berge, un homme portant une veste à rayures était assis en tailleur. Il avait une moustache en guidon de vélo et jouait du banjo. C'était un bel homme, mais on ne pouvait voir à quoi ressemblait la dame car son visage avait été gratté avec un couteau ou une lame de rasoir.

Emily ne comprenait pas ce qui troublait tant Mme Zimmermann, mais celle-ci retourna la photo au dos de laquelle était écrit : *Florence et Mordecai. Été 1905.*

– Ça alors ! s'écria Emily. C'est une photo de vous ?

Mme Zimmermann fit oui de la tête.

– Absolument. Ou plutôt c'était, jusqu'à ce que quelqu'un... lui fasse ça.

Elle avala sa salive.

cabana

– Comment se fait-il qu'elle se retrouve ici, madame Zimmermann ? Vous avez habité dans la région ?

– Mais non ! Je n'avais jamais vu cette ville de ma vie. C'est vraiment... vraiment très étrange.

La voix de Mme Zimmermann tremblait. Emily voyait bien qu'elle était bouleversée alors qu'elle était habituellement une personne calme et sensée donnant l'impression d'avoir toujours la situation bien en main. Elle devait avoir une bonne raison pour montrer un tel désarroi.

Mme Zimmermann acheta la photographie au vieux brocanteur et la mit dans son sac. Elle expliqua en chemin à Emily que les sorciers et les sorcières infligeaient ce genre de traitement aux photos de ceux dont ils voulaient se débarrasser. Ils laissaient couler de l'eau sur le cliché jusqu'à ce que le visage de leur victime s'efface, ou bien ils le grattaient avec une lame. C'était aussi efficace que de faire une poupée de cire à son effigie et d'y enfoncer des aiguilles. On pouvait tuer la personne avec ce genre de procédé.

Les yeux d'Emily s'écarquillèrent.

– Vous voulez dire que quelqu'un vous veut du mal ?

Mme Zimmermann eut un petit rire nerveux.

– Non, non, ce n'est pas ce que je veux dire ! Toute cette histoire, trouver cette photo de moi ici... et dans cet État... c'est une simple coïncidence, bien sûr ! Mais à force de se passionner pour la magie, il vous vient de drôles d'idées en tête, et on est tout le temps sur ses gardes.

Emily écarquilla les yeux.

– Je ne comprends pas ce que vous dites.

– Écoute, je vais brûler cette photo, voilà tout, répliqua Mme Zimmermann d'un ton sec. Et je préfère ne plus en parler, si ça ne te dérange pas.

Un peu plus tard cette nuit-là, allongée dans son lit, Emily essayait de s'endormir. Mme Zimmermann était restée au salon pour lire – du moins c'est ce qu'elle avait dit. Brusquement, Emily se souvint qu'elle avait vu un incinérateur derrière la maison. Elle se leva et alla à la fenêtre. Mme Zimmermann était bien là, penchée sur la lueur rougeoyante d'une chose qui brûlait en éclairant par instants son visage. Emily sentit la peur la gagner. Elle retourna dans son lit et s'efforça de trouver le sommeil, mais la vision de son amie devant cette flamme, comme une sorcière dans un vieux conte de fées, ne cessait de l'obséder. Qu'allait-il se passer ?

Chapitre 4

Au petit déjeuner, le lendemain matin, Emily voulut reparler de la photographie à Mme Zimmermann, mais celle-ci lui répondit assez sèchement de s'occuper de ses affaires, ce qui ne fit qu'exciter la curiosité d'Emily sans lui donner le moindre indice. Le mystère restait entier, du moins pour l'instant.

Quelques jours plus tard, Emily et Mme Zimmermann arrivèrent dans une ville près de la frontière de l'État du Wisconsin. Une fois de plus, elles prirent des chambres chez l'habitant pour la nuit. Emily sortit poster quelques cartes postales et, en rentrant, elle passa par hasard devant un lycée où la soirée dansante du samedi battait son plein. Il faisait chaud et les portes de la salle étaient ouvertes. Emily s'arrêta un instant pour regarder les couples tourner lentement sur la piste de danse à l'éclairage tamisé. Une énorme boule recouverte de petits miroirs tournait au plafond, projetant sur eux des petites taches de lumière rouge et bleue. Emily regardait fixement la scène qu'elle trouvait magnifique, se disant que, finalement, ce genre de soirée lui plairait peut-être. Mais elle jeta alors un coup d'œil le long du mur et vit quelques filles faisant tapisserie. Personne ne les invitait à danser. Elles se contentaient de regarder et n'avaient pas l'air de beaucoup s'amuser.

Une vague de tristesse submergea Emily et elle sentit les larmes lui monter aux yeux. Serait-elle dans la même situation, elle aussi, l'année prochaine ? Elle préférait encore monter dans un train et partir en Californie travailler dans les champs. Est-ce qu'ils embauchaient des filles pour les boulots saisonniers ? En y réfléchissant, il lui semblait bien que non. La vie n'était vraiment pas drôle pour les femmes ! Elles ne pouvaient pas mener ce genre d'existence, même si elles en avaient envie.

La colère d'Emily ne se dissipa pas sur le chemin du retour. Elle monta les marches du perron d'un pas lourd et claqua la porte d'entrée derrière elle. Mme Zimmermann, qui faisait une réussite dans la véranda, comprit aussitôt qu'elle n'allait pas bien.

– Qu'est-ce qui se passe, Emily ? Quelque chose te tracasse ?

– Ouais, répondit celle-ci d'un ton maussade. Je peux m'asseoir et vous parler ?

– Bien sûr, dit Mme Zimmermann en ramassant les cartes. Cette partie était assommante, de toute manière. Qu'est-ce qui ne va pas ?

Emily s'assit sur la balancelle et se balança un peu avant de lancer brusquement :

– Si je reste amie avec Kévin, est-ce qu'il va falloir que je sorte avec lui, qu'on aille danser et tout ce genre de trucs ?

Mme Zimmermann la regarda d'un air étonné. Puis elle réfléchit un moment, les yeux perdus dans le vide.

– Non, répondit-elle lentement en se balançant elle aussi dans son rocking-chair. Non, je ne crois pas. Rien ne t'oblige à le faire si tu n'en as pas envie. Tu aimes Kévin parce qu'il est ton ami et non parce qu'il arrive chez toi avec un bouquet de fleurs à la main. Je ne vois aucune raison pour que cela change.

– Vous êtes vraiment formidable, madame Zimmermann ! s'écria Emily avec un grand sourire. Je voudrais que vous en parliez à ma mère. Elle est persuadée que, Kévin et moi, on va se marier l'année prochaine, ou un truc de ce genre !

Le visage de Mme Zimmermann s'assombrit.

– Si j'en parle à ta mère, les choses empireront au lieu de s'améliorer, reprit-elle en alignant une autre réussite. Elle n'aimera pas beaucoup que je me mêle des affaires de votre famille, et je crois qu'elle aura raison. Les relations d'amitié comme celle que vous partagez, Kévin et toi, à votre âge, finissent par se briser dans quatre-vingt-dix-neuf pour cent des cas, ou alors elles se transforment parce qu'on se met à sortir ensemble. Peut-être que, l'année prochaine, tu t'apercevras que vos chemins se séparent...

– Mais ce n'est pas ce que je veux, répliqua Emily d'un air buté. J'aime beaucoup Kévin. Je l'aime énormément et je voudrais simplement que les choses ne changent pas !

– C'est bien le problème ! s'écria Mme Zimmermann. Les choses changent, justement ! Rien ne reste jamais pareil. Toi-même, tu ne cesses de changer, et Kévin aussi. Qui sait ce que vous penserez l'un et l'autre dans six mois, ou dans un an ?

Emily prit un instant de réflexion.

– Bon, finit-elle par dire, on pourrait très bien décider, Kévin et moi, de rester simplement amis toute notre vie. Mais alors je ne me marierai pas, et les gens me traiteront de vieille fille, non ?

Mme Zimmermann ramassa le jeu de cartes et se mit à le mélanger lentement.

– Eh bien, poursuivit-elle d'un air songeur, il y a sûrement des gens qui trouvent que je vis comme une vieille fille depuis pas mal de temps maintenant. Depuis le décès de mon mari, je veux dire. La plupart des femmes se seraient remariées très vite, mais quand Honus est mort, j'ai décidé d'essayer de vivre seule un moment – comme une vraie veuve, en somme. Et, tu sais, ce n'est pas si affreux ! Bien sûr, j'ai la chance d'avoir des amis comme Jonathan. Mais ce que je voudrais te faire comprendre, c'est qu'il n'y a pas qu'une seule manière de mener sa vie, une seule manière qui serait la meilleure. J'ai été heureuse quand j'étais mariée et je suis heureuse aussi maintenant que je suis veuve. Le seul conseil que je te donne, c'est d'essayer plusieurs solutions et de voir ce qui te convient le mieux. Certaines personnes ne

peuvent faire qu'une seule chose et ne peuvent fonctionner que d'une seule façon, mais je trouve ça plutôt triste et je refuse de croire que tu en fasses partie.

Mme Zimmermann s'interrompit, le regard dans le vide. Emily qui l'écoutait, la bouche ouverte, attendait qu'elle en dise plus. Mais elle garda le silence. Et quand elle se tourna et vit le regard anxieux d'Emily fixé sur elle, elle éclata de rire.

– J'ai fini mon sermon, conclut-elle en s'esclaffant, et si tu crois que je vais te donner une recette infaillible pour réussir ta vie, tu te trompes ! Allez viens ! Si on faisait une ou deux petites parties de cartes avant de dormir ? Ça te dit ?

– D'accord, dit Emily avec un grand sourire.

Mme Zimmermann prit son bloc pour marquer les points et elles jouèrent jusqu'à l'heure du coucher. Puis elles montèrent à l'étage où, comme chaque soir, les attendaient deux chambres attenantes. Emily se lava le visage et se brossa les dents. Puis elle courut se mettre au lit et s'endormit avant même d'avoir posé la tête sur l'oreiller.

Un peu plus tard dans la nuit, vers 2 heures du matin, elle se réveilla avec l'impression qu'il se passait quelque chose de bizarre. De très bizarre. Elle s'assit dans son lit et regarda autour d'elle, mais la chambre semblait parfaitement paisible. La lune se reflétait dans le miroir au-dessus de la commode et le réverbère de la rue projetait des ombres mystérieuses sur la porte du placard. Les vêtements d'Emily étaient soigneusement rangés sur la chaise près du lit. Qu'est-ce qui n'allait pas, alors ?

Il se passait pourtant quelque chose, Emily en était sûre. Elle se sentait tendue, sur les nerfs, et son cœur battait la chamade. Elle repoussa lentement le drap et sortit du lit. En rassemblant tout son courage, elle s'approcha du placard et l'ouvrit d'un coup sec. Les cintres s'entrechoquèrent. Emily poussa un petit cri et sauta en arrière. Il était vide.

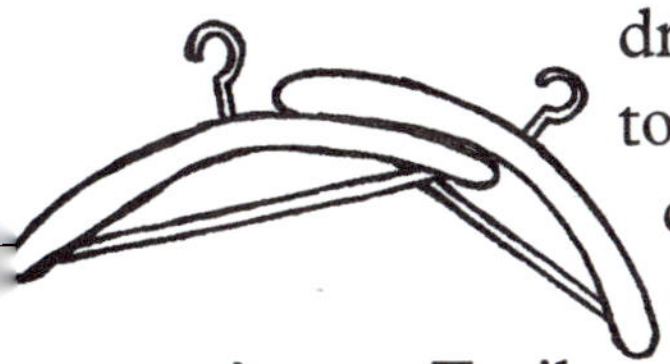

Emily poussa un soupir de soulagement et se dit qu'elle était idiote. Elle ressemblait à ces petites vieilles qui jettent un coup d'œil sous leur lit, le soir, avant d'éteindre la lumière. Mais au moment où elle allait se glisser sous le drap, elle entendit un bruit. Un bruit qui venait de la chambre voisine. Elle se sentit à nouveau terrifiée. « Allez, Emily, se dit-elle tout bas, ne sois pas si froussarde ! Tu ne peux pas te recoucher comme ça. Va voir ce qui se passe. »

La porte donnant sur la chambre de Mme Zimmermann était entrouverte et Emily s'en

approcha sans faire de bruit. Elle posa la main sur la poignée qu'elle tira. La porte s'ouvrit tout doucement. Emily resta figée sur place. Il y avait quelqu'un, là, debout à côté du lit de son amie. Pendant plusieurs secondes, Emily regarda la scène, les yeux écarquillés, paralysée par la peur. Brusquement, elle poussa un hurlement de terreur et bondit dans la pièce. La porte heurta violemment le mur. Elle chercha en tâtonnant l'interrupteur électrique. L'ampoule du plafond s'alluma, et Mme Zimmermann se redressa, les cheveux en bataille et clignant des yeux. Mais il n'y avait plus personne près du lit. Absolument personne.

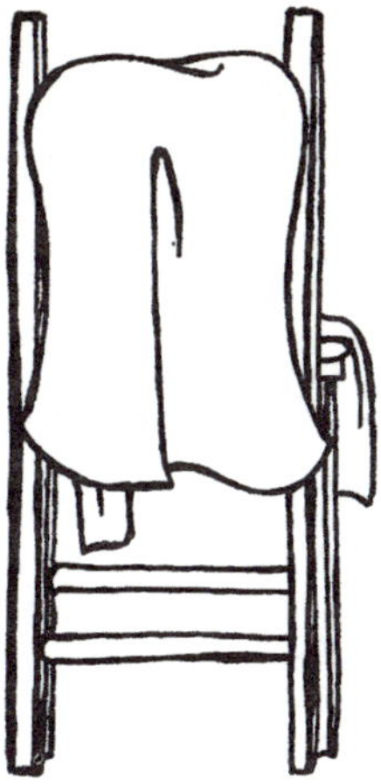

Chapitre 5

Mme Zimmermann se frotta les yeux. Ses draps et ses couvertures étaient tout chiffonnés. Debout au pied du lit, Emily avait l'air interloquée.

– Dieu du ciel, Emily, s'écria Mme Zimmermann, à quoi joues-tu ? Qu'est-ce que tu fais ici ?

Tout tourbillonnait dans la tête d'Emily qui commençait à se demander si ce n'était pas elle qui délirait. Elle était pourtant sûre, sûre et certaine, d'avoir vu quelqu'un bouger près de la tête du lit de Mme Zimmermann.

– Ça alors ! Je suis désolée, madame Zimmermann, balbutia-t-elle, je suis terriblement désolée, vraiment ! Je croyais avoir vu quelqu'un dans votre chambre.

Mme Zimmermann inclina la tête sur le côté en faisant la grimace.

– Tu lis trop de romans, dit-elle sèchement. Tu as probablement vu bouger ma robe sur cette chaise. La fenêtre est ouverte et il y a eu un courant d'air. Retourne te coucher, pour l'amour du ciel ! Nous devons bien dormir toutes les deux si nous voulons être en forme demain pour continuer à visiter la région.

Emily regardait fixement la chaise qui se trouvait à côté du lit. Une robe violette pendait mollement sur son dossier. C'était une nuit chaude et calme, sans un souffle d'air. Emily ne voyait pas comment elle aurait pu prendre ce vêtement pour une personne se déplaçant dans la chambre. Mais qu'avait-elle vu, alors ? Elle ne le savait pas. Perplexe et confuse, elle recula vers la porte.

– Bo... bonne nuit, madame Zimmermann, bredouilla-t-elle. Je... je suis vraiment désolée de vous avoir réveillée.

Mme Zimmermann lui sourit avec gentillesse et haussa les épaules.

– Ne t'en fais pas, Emily, cela n'a aucune importance. J'ai eu moi aussi quelques méchants cauchemars dans ma jeunesse. Tiens, je m'en souviens d'un où... Mais peu importe, je te le raconterai une autre fois. Bonne nuit, et dors bien.

– Bonne nuit, madame Zimmermann.

Emily éteignit la lumière et retourna dans sa chambre. Elle s'allongea dans son lit mais ne put s'endormir. Les mains derrière la tête, elle regardait fixement le plafond. Elle était inquiète. Il y avait d'abord eu la photographie, et maintenant cette vision. Il se passait quelque chose, elle en était sûre. Mais quoi, elle n'en avait aucune idée. Le cambriolage de la ferme d'Oley et leur découverte de la petite boîte vide avaient-ils un rapport avec ce qui venait de se passer ? Emily se creusait la tête sans trouver la moindre réponse. Elle avait l'impression de ne disposer que de deux ou trois pièces d'un grand puzzle très compliqué. Aucune d'elles n'avait de sens en elle-même. Elle se dit que Mme Zimmermann devait être aussi soucieuse qu'elle, et même probablement davantage, puisque tous ces événements bizarres la concernaient. Mais, bien évidemment, elle ne voulait pas montrer son inquiétude. Elle était toujours prête à aider les autres et gardait pour elle ses propres soucis. C'était un trait de son caractère. Emily se mordit la lèvre. Elle se sentait impuissante. Elle avait l'impression que quelque chose de très grave allait se produire, mais quoi ? Elle n'en savait rien non plus.

Le lendemain, dans la soirée, Mme Zimmermann et Emily roulaient sur une petite route de campagne défoncée à une trentaine de kilomètres

de la ville d'Ironwood. Elles la suivaient depuis plus d'une heure en cahotant et étaient sur le point de rebrousser chemin. Mme Zimmermann voulait montrer à Emily une ancienne mine de cuivre désaffectée qui avait autrefois appartenu à un ami de sa famille. Elle s'attendait à la voir à chaque tournant et commençait à se décourager.

La route était dans un état épouvantable. Bessie bringuebalait dans tous les sens et, de temps à autre, tapait violemment dans un nid-de-poule. En bondissant, des pierres heurtaient le dessous de la carrosserie avec un bruit sourd. Il faisait également très chaud ce jour-là. Le visage d'Emily ruisselait de sueur et les verres de ses lunettes ne cessaient de s'embuer. Elle s'efforçait de chasser les insectes qui entraient en bourdonnant par les vitres ouvertes et lui piquaient les bras, dont la peau lui cuisait maintenant à force de recevoir des tapes.

Finalement, Mme Zimmermann freina et coupa le contact en disant :

– Tant pis ! J'aurais bien aimé te montrer cette mine, mais je me suis sans doute trompée de route. Mieux vaut rebrousser chemin si nous voulons aller à… oh, mon Dieu !

Mme Zimmermann saisit le volant à deux mains et s'y agrippa. Les jointures de ses doigts blanchirent sous la peau et son visage se tordit de douleur. Puis elle pressa ses mains sur son ventre.

– Mon… Dieu ! dit-elle en haletant. Je n'ai… jamais…

Elle grimaça et ferma les yeux. Quand elle put reparler, sa voix n'était plus qu'un murmure.

– Emily ?

Emily était morte de peur. Assise au bord de son siège, elle regardait Mme Zimmermann.

– Oui, madame Zimmermann ? Qu'est-ce que… qu'est-ce qui se passe ? Vous avez mal ? Ça va ?

Mme Zimmermann parvint à faire un pauvre sourire.

– Non, ça ne va pas du tout, dit-elle d'une voix rauque. Je crois bien que j'ai une crise d'appendicite.

– Oh non, ce n'est pas possible !

Quand Emily était au CM1, un gosse de sa classe était mort d'une appendicite. Ses parents avaient cru qu'il avait simplement mal au ventre et on l'avait soigné trop tard. Son appendice avait éclaté

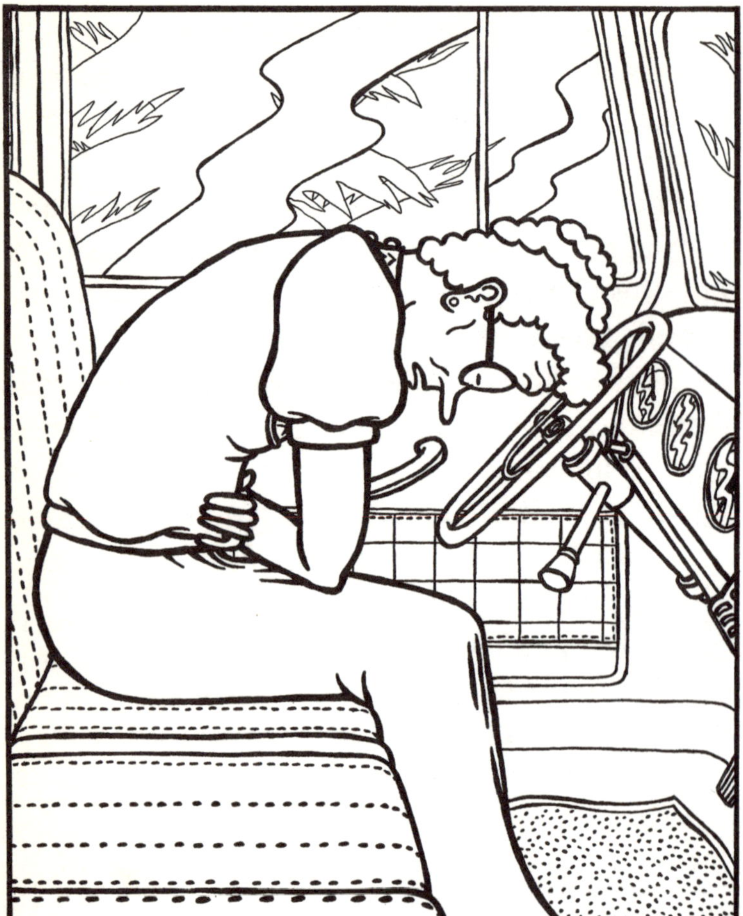

et il était mort. Emily se sentit gagnée par la panique.

– Oh, mon Dieu ! Mais qu'est ce qu'on va faire, madame Zimmermann ?

– Il faut… il faut que j'aille tout de suite à l'hôpital, dit Mme Zimmermann. Le seul problème, c'est… oh ! Oh non, j'ai trop mal !

Mme Zimmermann se plia à nouveau en deux en se tordant de douleur. Des larmes ruisselaient sur son visage et elle se mordit la lèvre si fort que celle-ci se mit à saigner.

– Le seul problème… haleta Mme Zimmermann quand elle put reparler, le seul problème, c'est que je ne crois pas que je puisse conduire.

Parfaitement calme, Emily regardait fixement le tableau de bord. Puis elle prononça quelques mots, ses lèvres bougeant à peine.

– Je… je crois que je peux le faire, madame Zimmermann.

Celle-ci ferma les yeux, à nouveau submergée par la douleur.

– Qu'est-ce que… qu'est-ce que tu dis ?

– Je crois que je peux le faire. J'ai appris à conduire il n'y a pas très longtemps.

Emily ne disait pas tout à fait vrai. L'année précédente, elle avait passé quelques jours chez un de ses cousins dans une ferme près de New Zebedee.

À quatorze ans, il savait déjà conduire un tracteur et Emily l'avait harcelé pour qu'il lui apprenne à passer les vitesses en utilisant la pédale d'embrayage. Il lui avait montré comment faire sur

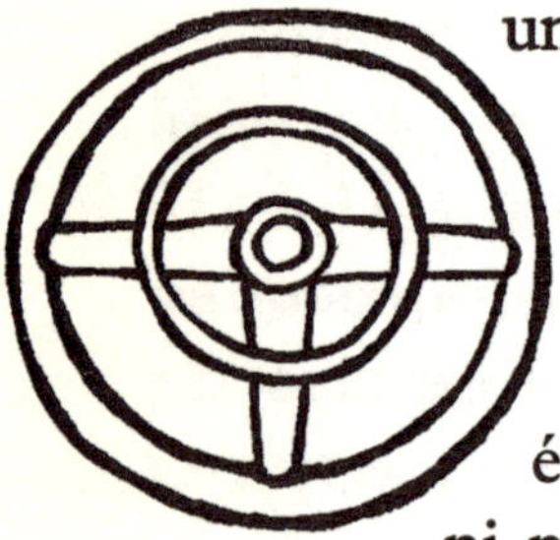

une vieille voiture abandonnée dans un champ non loin de la ferme, et elle s'était ensuite entraînée toute seule jusqu'à ce qu'elle sache parfaitement le faire. Mais elle n'avait jamais été au volant d'une voiture qui roulait, ni même d'une voiture dont le moteur tournait.

Sans dire un mot, Mme Zimmermann fit signe à Emily de sortir de la voiture. Puis elle se hissa sur le siège du passager et s'effondra contre la portière, tenant son ventre à deux mains. Emily fit le tour de la voiture et s'assit sur le siège du conducteur. Elle referma la portière et regarda fixement le volant. Elle avait peur, mais une voix intérieure lui disait : « Allez, il faut que tu le fasses. Elle ne peut pas conduire, elle est trop malade. Vas-y, Emily ! »

Emily se rapprocha du volant. Elle ne pouvait pas avancer le siège sans bouger celui de Mme Zimmermann et craignait de lui faire mal. Heureusement, elle était grande pour ses treize ans – elle avait beaucoup grandi au cours de l'année précédente – et ses jambes étaient assez longues pour atteindre les pédales. Elle pressa du pied celle de l'accélérateur. Pouvait-elle vraiment le faire ? Le mieux était d'essayer.

Mme Zimmermann avait laissé la voiture en prise, mais Emily se rappela qu'il faut être au point mort pour démarrer. C'était du moins ce que lui avait dit son cousin. Elle appuya prudemment sur la pédale de débrayage et ramena en douceur le levier de vitesse au point mort. Puis elle tourna la clé de contact et le moteur se mit en route instantanément. Avec le pied droit sur l'accélérateur et le gauche sur l'embrayage, elle tira alors le levier de vitesse et passa la première. Puis elle débraya lentement comme on lui avait appris à le faire. La voiture eut un soubresaut et le moteur cala.

– Il faut… que tu… que tu accélères plus que ça quand tu… quand tu lâches l'embrayage, haleta Mme Zimmermann.

– D'accord.

Fébrile, Emily tremblait de tout son corps. Elle remit la voiture au point mort. Elle actionna le démarreur et, cette fois, lorsqu'elle lâcha la pédale d'embrayage, elle mit l'accélérateur au plancher. La voiture bondit en avant et cala de nouveau. Visiblement, trop accélérer ne marchait pas mieux. Emily se tourna vers Mme Zimmermann pour lui demander ce qu'elle devait faire, mais celle-ci s'était évanouie. Elle devait maintenant se débrouiller toute seule.

Emily serra les dents. Elle sentait qu'elle devait se reprendre si elle ne voulait pas devenir folle.

– Bon, je vais encore essayer, dit-elle d'une voix ferme et calme.

Elle fit une nouvelle tentative et le moteur cala. La fois suivante aussi. Mais elle recommença et parvint finalement à débrayer en accélérant juste assez pour ne pas caler. La voiture se mit à avancer doucement.

– Super, Bessie ! s'écria Emily.

Elle avait crié si fort que Mme Zimmermann ouvrit les yeux. Elle battit des paupières et sourit faiblement quand elle vit la voiture avancer.

– Bravo, Emily, murmura-t-elle.

Puis elle s'affaissa sur le côté et perdit à nouveau conscience.

Emily réussit tant bien que mal à faire demi-tour et reprit la direction d'Ironwood. Il faisait nuit maintenant et elle alluma les phares. La route était complètement déserte. Pas de fermes ni de maisons. Emily se rappelait seulement être passée devant une cabane délabrée qui n'avait pas l'air habité. À moins qu'une voiture ne passe par là, personne ne leur viendrait en aide avant qu'elles rejoignent la grand-route qui conduisait à

Ironwood. Emily avala sa salive. Si elle arrivait à conduire la voiture, peut-être que tout s'arrangerait. Elle jeta un coup d'œil à Mme Zimmermann qui était affalée contre la portière, les yeux clos, et gémissait de temps en temps faiblement. Emily serra les dents et regarda la route.

Avançant au ralenti, Bessie montait et descendait les côtes, sautait sur les bosses, bringuebabalait sur les pierres, tombait dans les ornières et en ressortait cahin-caha. Le faisceau des phares lui montrait le chemin dans la nuit, éclairant au passage toutes sortes d'insectes nocturnes. Emily avait l'impression de rouler dans un tunnel. Les pins noirs qui bordaient la route semblaient se rejoindre au loin comme s'ils voulaient la prendre au piège. Une chouette hululait dans la forêt. Emily était terrifiée et se sentait très seule. Elle avait envie d'accélérer pour quitter au plus vite cet horrible endroit mais n'osait pas le faire. La route était trop cahoteuse. Garder le contrôle de cette grosse voiture n'était pas facile car, chaque fois qu'elle tombait dans un nid-de-poule, le volant tournait brusquement à droite ou à gauche. Heureusement, Emily parvenait toujours à le remettre dans la bonne direction.

– Je t'en supplie, Bessie, disait-elle tout haut, amène-nous à bon port ! Conduis-nous à l'hôpital avant que Mme Zimmermann ne meure, je t'en prie...

Après avoir roulé un bon moment sur la route sombre et sinueuse, Emily eut brusquement l'impression qu'il y avait quelqu'un d'autre dans la voiture. Pourquoi, elle n'en savait rien, mais loin de disparaître, cette sensation persista. Elle ne cessait de regarder dans le rétrovi seur mais ne voyait personne. Elle finit par se sentir si mal à l'aise qu'elle arrêta la voiture. Elle mit le levier de vitesses au point mort, tira le frein à main et, sans couper le moteur, alluma le plafonnier et regarda avec appréhension le siège arrière. Il était vide. Emily éteignit la lumière, passa la première et repartit. Mais la même impression lui revint et elle lutta de toutes ses forces pour maintenir son regard sur la route. La voiture venait de prendre un virage serré quand Emily leva inconsciemment les yeux vers le rétroviseur et vit s'y refléter l'ombre d'une tête avec deux yeux brillants.

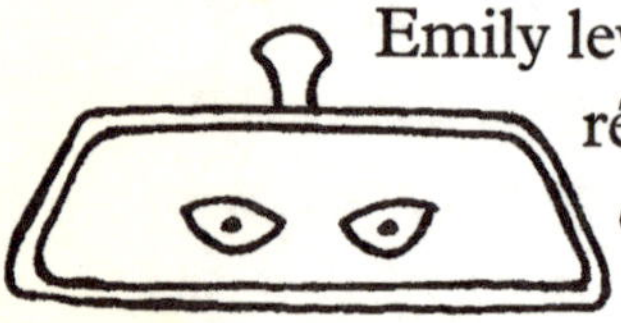

Emily poussa un cri et tourna brusquement le volant à gauche. Dans un crissement de pneus, Bessie fit une embardée, quitta la route et plongea dans le fossé. La voiture rebondit et bringuebala dans tous les sens. Le corps inerte de Mme Zimmermann commença par heurter la portière, puis glissa sur le siège et s'affala contre

Emily qui, complètement paniquée, s'accrochait au volant et ne cessait de chercher du pied la pédale de frein sans la trouver. Elles dévalaient la pente dans le noir. Emily entendit alors une sorte de bruissement et de gros craquements, puis sentit une drôle d'odeur. Dans les tourbillons enfiévrés de son cerveau, elle se demanda ce que pouvait bien être cette odeur. Les bruits s'amplifièrent et son pied finit par trouver le frein. Son corps plongea brutalement en avant, sa tête heurta le pare-brise, et elle perdit connaissance.

Chapitre 6

Emily rêvait qu'elle s'agrippait à un morceau de bois flottant sur la mer. Elle entendit alors quelqu'un lui dire :

– Ça va, mademoiselle, ça va ?

« Il faut être idiot pour me demander ça », pensa-t-elle. Elle ouvrit les yeux et vit qu'elle était toujours au volant de Bessie. Un policier était à côté de la voiture. Il passa la main par la portière et la lui posa gentiment sur l'épaule.

– Comment vous sentez-vous, mademoiselle ?

Emily secoua faiblement la tête. Elle palpa son front et sentit une enflure.

– Pas trop mal, je crois, sauf cette bosse que j'ai sur la tête. Oh, mon Dieu ! Mais qu'est-ce qui s'est passé ?

En regardant autour d'elle, elle venait de voir que la voiture s'était enfoncée dans un gros taillis de genévrier. Le genièvre ! Voilà quelle était cette odeur ! La lumière du jour entrait à flots à travers les vitres poussiéreuses et, sur le siège à côté d'elle, elle vit Mme Zimmermann qui dormait. Ou alors qui était... ?

Emily tendit la main et se mit à secouer l'épaule de Mme Zimmermann.

– Réveillez-vous, madame Zimmermann, cria-t-elle en sanglotant. Je vous en prie, réveillez-vous !

Emily sentit le policier lui saisir le bras.

– Ne faites pas ça, mademoiselle. Elle a peut-être une fracture. Nous avons appelé une ambulance et ils vont l'examiner avant de la bouger. Qu'est-ce qui s'est passé ? Vous vous êtes endormie au volant ?

Emily fit non de la tête.

– J'essayais de conduire Mme Zimmermann à l'hôpital parce qu'elle s'est brusquement sentie très mal. J'ai eu peur et j'ai quitté la route. Je n'ai que treize ans et je n'ai pas de permis. Vous allez me mettre en prison ?

Le policier lui sourit d'un air grave.

– Non, ma petite dame. Pas cette fois. Mais je crois que ce n'était pas une très bonne idée de prendre le volant, même s'il y avait urgence. Vous auriez pu vous tuer, et c'est d'ailleurs ce qui se serait passé s'il n'y avait pas eu ces buissons. Et votre amie qui est là serait morte elle aussi. Mais elle a l'air de respirer normalement, je l'ai vérifié il y a un instant. Nous ne pouvons rien faire d'autre qu'attendre l'arrivée de l'ambulance.

Quelques minutes plus tard, une grosse ambulance blanche avec une croix rouge sur le côté se gara à côté du véhicule de police et deux hommes en blouse blanche descendirent lentement le talus. Ils portaient une civière et, quand ils arrivèrent à la voiture, Mme Zimmermann venait juste de reprendre connaissance. Les deux ambulanciers l'examinèrent. Lorsqu'ils se furent assurés qu'on pouvait la déplacer, ils la sortirent précautionneusement de la voiture et l'allongèrent sur la civière. Puis ils remontèrent lentement la pente et l'installèrent dans l'ambulance. Ils redescendirent ensuite chercher Emily et constatèrent qu'elle était un peu contusionnée et secouée, mais n'avait rien de grave. Elle grimpa le talus toute seule et monta à l'arrière de l'ambulance avec Mme Zimmermann. Le conducteur démarra,

mit la sirène en marche et partit en direction d'Ironwood.

Mme Zimmermann passa les trois jours suivants à l'hôpital d'Ironwood. Les mystérieuses douleurs

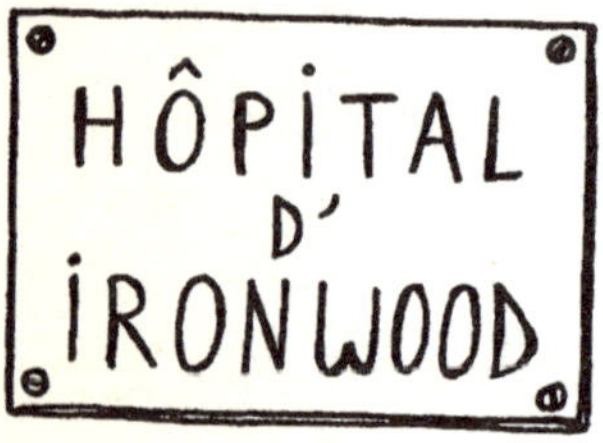

s'étaient volatilisées et les médecins lui dirent que leur emplacement ne pouvait correspondre à celles d'une appendicite. Mme Zimmermann n'y comprenait rien. Elle trouvait encore pire de ne pas connaître leur cause et s'angoissait à l'idée qu'elles puissent revenir n'importe quand. Elle avait l'impression de vivre avec une épée de Damoclès suspendue au-dessus de la tête.

Même si cela ne l'enchantait pas, elle resta donc alitée le temps que les médecins lui fassent une série d'analyses et d'examens. Des infirmières la piquaient pour lui faire des prises de sang. Elles lui donnaient à avaler d'horribles potions et faisaient des marques sur des graphiques. On lui prenait des radios et la plaçait devant ou dans des appareils médicaux bizarres dignes d'un roman de science-fiction. Les médecins ne cessaient de passer la voir tout en étant incapables de répondre à ses questions.

Pendant ce temps, Emily avait pris pension à l'hôpital. Mme Zimmermann avait expliqué la situation aux médecins et leur avait montré sa police d'assurances – elle l'avait toujours dans son sac, au cas où – certifiant qu'elle avait droit à une chambre particulière. On leur donna donc une chambre à deux lits, dont l'un était réservé à Emily. Elles jouaient aux cartes et aux échecs et, le soir, elles écoutaient les speakers de la radio commenter les matchs de base-ball qui se déroulaient en nocturne. Mme Zimmermann était une fervente supporter de l'équipe des White Sox parce qu'elle avait jadis habité à Chicago, et elle s'amusait à prendre son parti contre celle que soutenait Emily. Elles finirent même par se disputer un peu, mais pour rire.

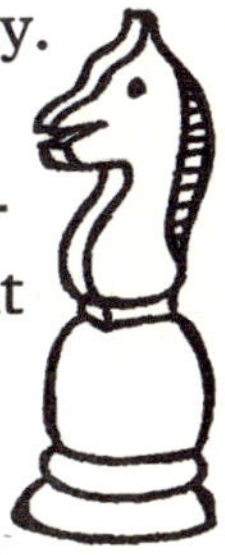

De temps en temps, quand elle finissait par s'ennuyer dans cette chambre d'hôpital, Emily sortait se promener en ville. Elle allait à la bibliothèque ou bien au cinéma, à la séance de l'après-midi. Elle se contentait aussi parfois d'explorer la ville. Elle se perdit une ou deux fois, mais les gens se montrèrent gentils avec elle et l'aidèrent à retrouver le chemin de l'hôpital.

L'après-midi du troisième jour, Emily passa par hasard devant un terrain vague où des garçons s'exerçaient à lancer et rattraper des balles. Ils commençaient à se lasser, mais n'étaient pas assez nombreux pour former des équipes. Lorsqu'ils virent passer Emily, ils lui demandèrent si elle voulait jouer avec eux.

– Bien sûr, leur cria Emily, mais seulement si l'équipe qui me prend me laisse lancer.

Après s'être consultés un instant, les garçons acceptèrent. Emily adorait jouer au base-ball, et elle aimait surtout lancer. Au softball [1], dans son école, elle était la seule à pouvoir réussir une balle courbe [2] et connaissait tous les types de lancers, y compris la balle papillon [3] qu'elle réussissait cependant moins bien, car elle est plus difficile en softball. Ses balles rapides étaient célèbres – si célèbres, en fait, qu'elle devait généralement se résoudre à les envoyer un peu haut pour que les batteurs ne soient pas systématiquement éliminés.

Emily se retrouva donc en train de jouer au softball avec une bande de garçons qu'elle n'avait

---

1. Le softball est une variante du base-ball qui est souvent pratiquée par les femmes. *(N.d.T.)*

2. Une balle courbe est une balle à laquelle le lanceur imprime une rotation donnée par un geste particulier du poignet. *(N.d.T.)*

3. La balle papillon, très difficile à réussir, est une balle à la course lente et imprévisible qu'on lance avec les extrémités des doigts et sans rotation. *(N.d.T.)*

jamais vus. Elle intercepta toutes sortes de balles frappées et attrapa même quelques flèches[1] difficiles à

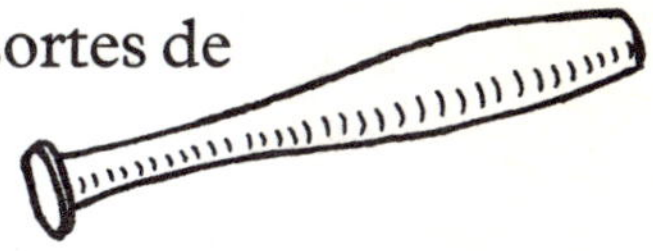

mains nues. Et elle lança des balles, et les lança si bien qu'elle finit par éliminer un grand garçon costaud aux cheveux en brosse qui, persuadé d'être un excellent joueur, n'apprécia pas du tout d'avoir été mis en échec par une fille. Il commença aussitôt à harceler Emily en la traitant de binoclarde, en s'arrangeant pour la bousculer avec un « oh pardon, 'scusez-moi, mam'selle », et en ricanant d'un air méchant. Vers la fin de la partie, Emily frappa une balle suffisamment longue pour atteindre la troisième base, mais au moment où elle allait plonger dessus la tête la première, elle vit que le costaud aux cheveux en brosse avait rattrapé la balle. Il aurait pu lui toucher l'épaule, le bras ou le dos, mais il lui plaqua la balle en plein sur la bouche, ce qui lui fit très mal. La partie s'arrêta le temps qu'Emily se ressaisisse. Elle vérifia que ses dents de devant étaient toujours là et frotta doucement sa lèvre supérieure tuméfiée. Elle avait envie de pleurer mais se retint et, quelques instants plus tard, elle se remit à jouer.

---

1. Une flèche est une balle dont la trajectoire est horizontale. *(N.d.T.)*

Au neuvième tour de batte, quand le garçon aux cheveux en brosse fut le lanceur de l'équipe adverse,

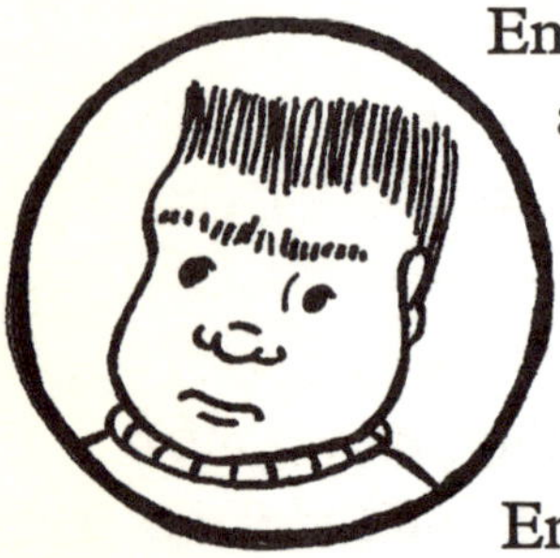

Emily fit un coup de circuit[1] qui assura la victoire de son équipe. Lorsqu'elle franchit la plaque de but, tous les garçons de son équipe l'entourèrent et hurlèrent trois fois : « Hip hip hip, hourra, Emily ! », ce qui lui fit extrêmement plaisir. Mais elle s'aperçut que le garçon qui n'avait cessé de l'embêter était toujours sur le monticule du lanceur et la regardait d'un air furieux.

– Hé, binoclarde ! hurla-t-il. Tu te crois forte, hein ?

– Ouais, et alors ? répondit Emily sur le même ton. Ça te gêne ?

– C'est pas le problème, binoclarde. Alors, comme ça, tu t'y connais en base-ball, hein ?

– Sacrément plus que toi, le rembarra Emily.

– Tu crois ça ? Eh ben, prouve-le !

– Ça veut dire quoi, prouve-le ?

– Ça veut dire qu'on va se mesurer pour voir qui en sait le plus sur le base-ball, d'accord ? Qu'est-ce

1. Le coup de circuit ou *home-run* est une balle frappée qui sort des limites du terrain et permet au batteur de faire le tour des bases, marquant ainsi un point. *(N.d.T.)*

que t'en penses ? Tu te dégonfles ? Poule mouillée, poule mouillée !

Le garçon battit des bras en essayant d'imiter une poule.

Emily fit un grand sourire. L'occasion était trop belle et elle n'allait certainement pas la laisser passer. Elle était une fana de base-ball et connaissait des tas de choses dans ce domaine, comme les performances de toute la carrière de Ty Cobb et son nombre de triples jeux sans assistance. Elle savait même quel était le plus grand record de Smead Jolley – quatre erreurs sur une seule balle en jeu. Elle était donc sûre de battre ce prétentieux à plate couture, ce qui la vengerait du coup sur la bouche qu'il lui avait assené.

Tout le monde se rassembla pour assister à la joute. Un garçon aux yeux larmoyants qui parlait du nez fut choisi pour trouver les questions. Le combat fut d'emblée très difficile. L'adversaire d'Emily se révéla très calé sur l'histoire du base-ball. Il connaissait le nom de tous les meilleurs lanceurs – les rois du *strike out* qui éliminaient systématiquement les batteurs –, il savait qui avait gagné les derniers matchs et répondait facilement aux questions. Mais Emily aussi et l'ambiance devint de plus en plus tendue et agressive, aucun des deux ne parvenant à prendre la moindre avance sur l'autre.

Emily finit par l'emporter, parce qu'elle savait que

Billy Wambsganss de l'équipe des Cleveland Indians avait réussi le seul triple jeu sans assistance pendant la Série mondiale de 1920. La question fut d'abord posée au garçon aux cheveux en brosse qui garda le silence. Puis ce fut le tour d'Emily qui donna aussitôt la bonne réponse. Plusieurs garçons hurlèrent : « Bravo, Emily, bravo ! » et l'un d'eux alla même lui serrer la main.

Le garçon aux cheveux en brosse devint cramoisi et lança un regard noir à Emily. Il n'était plus seulement agressif maintenant, mais vraiment furibond.

– Tu te trouves sacrément maligne, hein ?

– Ouais, dit Emily d'un air satisfait.

Les mains sur les hanches, il la regarda droit dans les yeux.

– Eh ben, tu veux savoir ce que je pense ? Je pense que tu es une drôle de fille, voilà ce que je pense. Une drôle de fille.

C'était une remarque stupide, mais elle la piqua au vif. Elle eut l'impression d'avoir reçu une gifle. À la stupéfaction générale, elle fondit en larmes et partit en courant. *Tu es une drôle de fille*. Emily avait déjà entendu ça, et le pire, c'est qu'elle le pensait elle-même. Elle se demandait souvent s'il n'y avait pas quelque chose qui clochait chez elle. Tout en étant une fille, elle se comportait comme un garçon. Son meilleur ami était un garçon, contrairement aux autres filles qui nouaient des amitiés entre elles. Mais elle n'avait pas envie de sortir avec un garçon, alors que des filles de son âge le faisaient déjà et trouvaient ça marrant. *Tu es une drôle de fille* – Emily ne pouvait s'enlever cette phrase de la tête.

Elle s'arrêta au coin d'une rue, sortit son mouchoir, s'essuya les yeux et se moucha. À la manière dont les passants la regardaient, elle comprit qu'elle devait être dans un état lamentable. Son visage en feu la brûlait. Et elle était maintenant furieuse contre elle-même, furieuse parce qu'elle avait craqué devant cet idiot. Elle se remit à marcher. Elle avait pourtant de quoi être contente d'elle : elle avait assuré pratiquement seule la victoire de son équipe et elle avait gagné la joute sur le base-ball, même si les choses avaient ensuite mal tourné. Elle se mit à siffloter et, deux ou trois rues plus loin, elle se sentait déjà beaucoup mieux. Elle décida de rentrer à l'hôpital pour voir ce qui s'y passait.

En entrant dans la chambre de Mme Zimmermann, elle trouva celle-ci en pleine discussion. Assise dans son lit, elle s'expliquait avec un jeune médecin qui la regardait d'un air soucieux.

ZIMMERMANN

– Madame Zimmermann, insistait le docteur, vous prenez un risque terrible pour votre santé ! Si vous restiez un jour ou deux de plus, nous saurions…

Mme Zimmermann lui coupa la parole sans ménagement :

– C'est ça ! Vous voulez que je passe un an ici, en restant bien sagement au lit, pour que j'attrape des escarres et que vous puissiez enfin me soigner ! Désolée de vous décevoir ! J'ai déjà perdu bien trop de temps et, demain matin, nous allons reprendre la route Emily et moi. Vous n'êtes qu'une bande de charlatans dans cet hôpital, comme tous les docteurs.

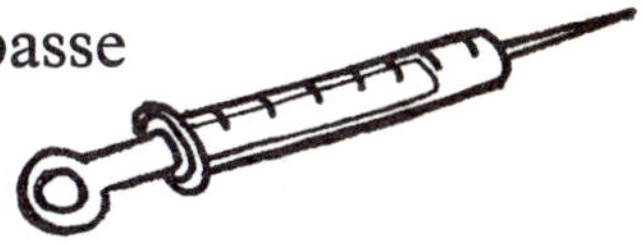

– Non, madame Zimmermann, je proteste ! Nous avons fait tout notre possible pour trouver l'origine de vos douleurs. Ce n'est pas parce que les résultats de nos examens ont été négatifs qu'il faut en conclure que…

Le médecin continua sur ce ton et Mme Zimmermann lui répondit vertement. Emily s'assit discrètement dans un fauteuil et se cacha derrière un magazine. Elle espérait que sa présence passerait inaperçue. La discussion se poursuivit un moment, le médecin plaidant sa cause, et Mme Zimmermann eut l'attitude la plus offensante et la plus désagréable qu'Emily ne lui ait jamais vue. Elle finit du reste par l'emporter et le médecin accepta qu'elle parte le lendemain matin comme elle le voulait.

Mme Zimmermann le regarda rassembler son bloc-notes, son stéthoscope et ses médicaments. Une fois qu'il eut refermé la porte derrière lui, elle fit signe à Emily de s'approcher du lit.

– Emily, lui dit-elle, nous avons des problèmes.

– Quoi ?

– Je dis que nous avons des problèmes. J'ai donné ma robe au teinturier, tu sais, la robe que je portais quand j'ai eu ces douleurs. Cette même robe qui était posée sur la chaise à côté de mon lit la nuit où tu as cru voir quelqu'un dans ma chambre. Tu te souviens ?

Emily fit oui de la tête.

– Eh bien, on me l'a rendue aujourd'hui, et regarde ce qu'il y avait avec.

Mme Zimmermann ouvrit le tiroir de la table de nuit et en sortit une petite enveloppe brune dont elle vida le contenu dans la main d'Emily. Il y avait une épingle de sûreté dorée et un petit bout de papier sur lequel était écrit quelque chose d'illisible à l'encre rouge.

– Qu'est-ce que c'est ?

– C'est un charme. Ils l'ont trouvé épinglé à l'intérieur de ma robe. Ne t'inquiète pas, il ne peut pas te faire de mal. Ce genre de truc ne peut marcher que pour une personne à la fois.

– Vous... vous voulez dire...

– Oui, Emily. Ce bout de papier est la cause des douleurs que j'ai ressenties l'autre nuit.

Mme Zimmermann eut un rire d'une ironie amère.

– Je me demande ce qu'aurait dit le docteur je-sais-tout qui sort d'ici si je lui en avais parlé ! Au fait, je suis désolée de m'être montrée si méchante avec lui, mais il le fallait pour qu'il nous laisse partir.

Emily avait peur. Elle posa le bout de papier et l'épingle sur la table de nuit et recula.

– Qu'est-ce que nous allons faire, madame Zimmermann ? demanda-t-elle.

– Je ne sais pas, Emily, je ne sais pas. Quelqu'un m'en veut, c'est clair. Mais qui et pourquoi, je n'en sais rien. J'ai bien quelques idées, mais je n'ai pas envie d'en parler. Si je te dis tout ça, c'est parce que je ne veux pas que tu te sentes coupable d'avoir quitté la route cette nuit-là. Il était tout à fait normal que tu aies peur, et ce que tu as vu sur le siège arrière... eh bien, ce n'était pas un effet de ton imagination. C'était quelque chose de réel.

Emily frissonna.

– Mais qu'est-ce que… qu'est-ce que c'était ?

– Je préfère ne rien te dire de plus maintenant, dit Mme Zimmermann. Le seul problème, c'est que nous devons rentrer d'urgence à la maison. Il faut que je retrouve mon exemplaire du *Malleus Maleficarum*.

– Du quoi ?

– Du *Malleus Maleficarum*. C'est un livre qui a été écrit il y a très longtemps par un moine et son titre signifie « Le Marteau des sorcières ». On y

trouve toutes sortes de formules magiques permettant de contrer les attaques de ceux qui pratiquent la magie noire. J'aurais dû les apprendre par cœur depuis longtemps, mais je ne l'ai pas fait. Il faut donc que je le retrouve, et ce n'est pas le genre de bouquin qu'on déniche à la bibliothèque du coin. Nous allons rentrer à la maison demain matin à la première heure, et j'ai pensé que je devais te dire pourquoi. Je ne te dis pas ça pour t'effrayer, mais parce que tu aurais encore plus peur si j'avais l'air de faire des mystères.

Emily montra du doigt le bout de papier.

– Qu'est ce que vous allez en faire ?

– Tiens, regarde.

Mme Zimmermann prit une pochette d'allumettes dans le tiroir de la table de nuit, jeta le papier dans un cendrier et y mit le feu. Pendant qu'il brûlait, elle fit un signe de croix au-dessus du cendrier et marmonna une drôle de prière. Emily la regardait, fascinée. Elle avait peur, mais sentait une sorte d'exaltation la gagner, comme si on l'avait soudain arrachée à sa vie habituelle pour la lancer dans une grande aventure.

Le soir, Emily fit ses bagages et aida Mme Zimmermann à faire les siens. Celle-ci lui apprit que Bessie était garée dans le parking derrière l'hôpital. Une dépanneuse l'avait dégagée du buisson de genièvre et le mécanicien d'un garage du coin l'avait bien examinée et entièrement révisée. On lui avait fait le plein, on avait vérifié son niveau d'huile, et elle était prête à reprendre la route. Une infirmière apporta à Mme Zimmermann quelques papiers à signer. Le médecin lui fit une dernière visite en lui souhaitant – assez froidement – un bon voyage de retour. Tout était prêt. Emily et Mme Zimmermann se glissèrent dans leurs lits et essayèrent de s'endormir.

Trop excitée pour trouver le sommeil, Emily ne parvint à s'assoupir que vers minuit. Mais elle se réveilla presque aussitôt : Mme Zimmermann était debout à côté de son lit et la secouait en lui braquant une lampe électrique dans les yeux.

– Allez, Emily ! Réveille-toi ! dit-elle à voix basse. Il faut que nous partions ! Tout de suite !

Emily secoua la tête et se frotta les yeux. Elle chercha à tâtons ses lunettes et les mit sur son nez.

– Qu'est-ce que… qu'est-ce qui se passe ?

– Réveille-toi, je te dis ! Nous allons à la ferme. Nous partons de suite. Nous devons y aller, c'est urgent !

Emily ne comprenait plus rien.

– À la ferme ! Mais vous avez dit…

– Peu importe ce que j'ai dit. Habille-toi et suis-moi. Nous retournons à la ferme pour… pour y prendre quelque chose que j'y ai laissé. Allez, viens ! Dépêche-toi !

Elle secoua de nouveau Emily et dirigea la lumière dans ses yeux. Emily ne l'avait jamais vu se comporter ainsi. Sa voix était dure et ses gestes impatients, presque brutaux. On aurait dit que quelqu'un d'autre s'était glissé dans sa peau. Et que voulait dire cette histoire d'aller à la ferme au lieu de rentrer directement à la maison comme prévu ?

Emily s'habilla pendant que Mme Zimmermann l'attendait sans rien dire, toute raide derrière le halo de lumière blanche de la lampe de poche. Emily ne pouvait pas voir son visage et elle se demanda si elle ne le faisait pas exprès. Quand elle fut prête,

elle empoigna son sac de voyage et suivit Mme Zimmermann. Elles marchèrent sur la pointe des pieds jusqu'à la porte, l'entrouvrirent et scrutèrent le long couloir sombre. Au fond, une infirmière était assoupie derrière son bureau. Sur le mur au-dessus de sa tête, une pendule électrique faisait entendre son tic-tac régulier. Tout l'hôpital semblait endormi.

– Bien ! murmura Mme Zimmermann qui passa devant Emily et longea le couloir jusqu'à l'escalier menant au parking où les attendait Bessie. La Plymouth verte regardait fixement devant elle, doucement éclairée par la lueur de la lune. Emily rangea les bagages dans le coffre. Mme Zimmermann mit le moteur en marche et elles partirent.

La traversée de l'Upper Peninsula leur prit toute une journée. Avec la chaleur et la poussière, Emily avait l'impression de vivre un cauchemar. D'habitude, elle aimait bien voyager avec Mme Zimmermann qui riait, plaisantait, chantait et ne cessait de bavarder. Si on le lui demandait, elle faisait même de petits tours de magie comme claquer des doigts pour faire apparaître une allumette ou jouer les ventriloques en faisant parler l'herbe du bord de la route. Mais ce jour-là, elle ne dit pas un mot. Elle avait l'air de ruminer quelque chose, mais n'en parla pas à Emily. Et elle était tendue – très tendue.

Elle jetait des coups d'œil inquiets dans tous les sens et conduisait si nerveusement qu'elle faillit plusieurs fois quitter la route. Emily était assise à côté d'elle, les mains moites, toute raide contre la portière, ne sachant que faire ni que dire.

Le soleil se couchait sur le détroit de Mackinac quand Bessie, à bout de souffle, arriva au débarcadère du ferry-boat, à St Ignace. Le bateau venait de partir et elles durent attendre plus d'une heure l'arrivée du suivant. Elles gardèrent le silence et ne prononcèrent pas la moindre parole pendant tout ce temps. Emily sortit de sa propre initiative acheter des sandwiches – Mme Zimmermann ne s'était même pas arrêtée pour le déjeuner. Le ferry finit par arriver. Il s'appelait *La Grande Traversée*. Le ciel était sombre et la lune se levait au-dessus du détroit quand Mme Zimmermann fit monter Bessie sur le ferry dans le tintamarre de la passerelle métallique, avant de la descendre dans la cale sonore sous le pont.

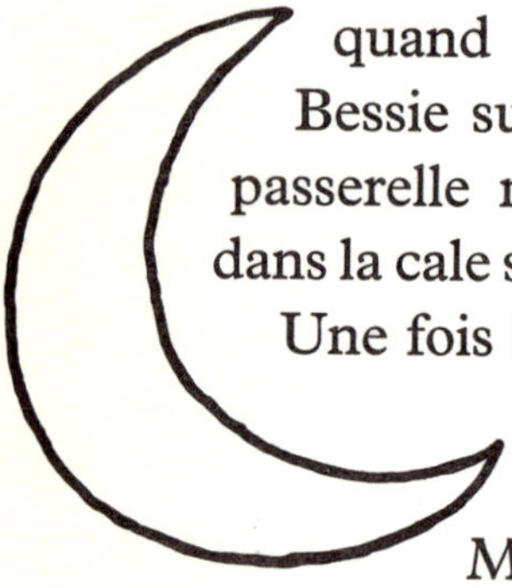

Une fois la voiture garée et les roues calées, Emily s'apprêtait à en descendre lorsqu'elle s'aperçut que Mme Zimmermann restait assise sans bouger derrière le volant.

– Madame Zimmermann ? lui demanda Emily d'un air inquiet. Vous ne montez pas sur le pont ?

Mme Zimmermann eut un petit sursaut et secoua la tête. Puis elle regarda fixement Emily comme si elle ne l'avait jamais vue.

– Monter sur le pont ? Euh… oui. Oui, bien sûr. Tu as raison.

Elle sortit de la voiture et monta d'un pas lourd l'escalier qui menait au pont, comme une somnambule.

Cela aurait dû être une très belle traversée. La lune brillait, projetant sa lueur argentée sur le pont et les eaux agitées du détroit. Emily demanda à Mme Zimmermann si elle ne voulait pas venir se promener avec elle sur le pont, mais elle refusa. Elle était assise toute raide sur un banc et regardait ses chaussures. Emily avait peur. Ce n'était plus une aventure. Elle aurait voulu, voulu de tout son cœur, ne jamais avoir fait ce voyage. Elle mourait d'envie de rentrer chez elle à New Zebedee. Peut-être que là-bas, l'oncle Jonathan, le docteur Humphries ou quelqu'un d'autre parviendrait à comprendre pourquoi Mme Zimmermann n'allait pas bien et ferait en sorte qu'elle redevienne elle-même. Emily ne savait pas quoi faire pour lui venir en aide. Elle se sentait complètement impuissante. Elle ne pouvait que la suivre. La suivre et attendre.

Quelques heures plus tard, Mme Zimmermann et Emily roulaient sur la route pierreuse qui menait à la ferme d'Oley Gunderson. En passant devant l'épicerie de Gert Bigger, elles virent qu'elle était fermée. Une petite veilleuse était allumée sous le porche.

Emily n'en pouvait plus.

– Madame Zimmermann, s'écria-t-elle, pourquoi allons-nous à la ferme ? Qu'est-ce qui se passe ?

Mme Zimmermann garda tout d'abord le silence. Puis elle répondit lentement d'une voix sourde :

– Je ne sais pas pourquoi. Je dois y faire quelque chose, mais je ne me rappelle plus quoi.

Elles continuèrent à rouler. Le gravier crépitait et bondissait sous les pneus et de longues branches feuillues fouettaient les portières et le toit. Il se mit à pleuvoir. De grosses gouttes commencèrent à s'écraser sur le pare-brise et Emily entendit le sourd grondement du tonnerre. Des éclairs déchirèrent la nuit devant la voiture. Elles arrivèrent enfin à la ferme. En entrant dans la cour, les phares illuminèrent la façade de la grange avec ses deux fenêtres au regard fixe et la bouche béante de sa porte prête à les engloutir.

Comme il pleuvait, Emily et Mme Zimmermann gagnèrent la maison par le passage couvert qui reliait les deux bâtiments. Mais quand elles ouvrirent la porte et voulurent allumer la lumière, il ne se passa rien. Mme Zimmermann avait oublié de régler la note d'électricité d'Oley et le courant avait été coupé depuis leur première visite. En fouillant dans un placard, Mme Zimmermann dénicha une lampe à pétrole. Elle l'alluma et la posa sur la table de la cuisine. Emily ouvrit le panier de pique-nique et déballa les sandwiches qu'elle avait achetés. Elles mangèrent en silence. Dans la lumière jaune de la lampe qui fumait, le visage de Mme Zimmermann avait l'air hagard et épuisé. Elle semblait de plus tendue, très tendue, comme si elle s'attendait à voir se produire quelque chose. Emily regarda nerveusement par-dessus son épaule. Au-delà du cercle de lumière rassurant de la lampe, la maison était plongée dans l'obscurité. L'escalier était tout noir. Une brusque nausée l'envahit lorsqu'elle réalisa qu'il lui faudrait le monter pour aller se coucher. Elle ne voulait pas aller se coucher. Elle ne voulait pas rester une minute de plus dans la maison d'Oley. Elle voulait forcer Mme Zimmermann à monter en voiture et à rentrer à New Zebedee, même si elles devaient rouler toute la nuit. Mais elle ne dit rien et ne bougea pas. Ce qui avait ensorcelé Mme Zimmermann l'avait envoûtée elle aussi. Elle se sentait complètement et désespérément impuissante.

Dehors, il pleuvait à torrents. Sur le petit toit en tôle du porche, le martèlement de la pluie faisait un roulement de tambour continu. Finalement, avec effort, Emily recula sa chaise et se leva.

– Je crois que... que nous devrions aller nous coucher, madame Zimmermann, dit-elle d'une voix faible et rauque qui semblait venir du plus profond d'elle-même.

– Vas-y, Emily. Je veux rester ici et... réfléchir un peu.

La voix de Mme Zimmermann manquait de naturel et paraissait incroyablement lasse. On aurait dit qu'elle parlait dans son sommeil.

Emily recula, terrifiée. Elle prit son sac de voyage, sortit sa lampe de poche et se tourna vers l'escalier. Elle commença à monter les marches, la lampe à la main. Son ombre et celle de la rampe dansaient bizarrement sur le mur à côté d'elle. À mi-chemin, elle s'arrêta et regarda en bas. Mme Zimmermann était toujours là dans le cercle de lumière jaune. Les mains jointes sur la table, elle regardait droit devant elle. Emily sentit qu'elle ne lui répondrait pas si elle l'appelait. La gorge sèche, elle monta les dernières marches.

La chambre avec le lit en bois foncé était exactement comme elle l'avait laissée. Elle allait soulever le couvre-lit quand elle entendit un bruit venant de l'escalier. Un seul petit bruit. *Toc.* Celui de la bague de Mme Zimmermann. Il se répéta trois fois. *Toc… toc… toc.* Il était lent et mécanique, comme le tic-tac d'une grosse pendule. Emily était debout, la lampe à la main. Elle écoutait le bruit en se demandant ce qu'il voulait dire.

Soudain, une porte claqua.

Emily poussa un cri et fit demi-tour. Elle se précipita hors de la chambre et dévala l'escalier. Arrivée sur le palier, elle se figea. Sur la table où était posée la lampe à pétrole, il y avait le sac de Mme Zimmermann et sa boîte de cigares. La porte d'entrée était ouverte. Un courant d'air la faisait taper doucement contre le mur. Mme Zimmermann était partie.

Chapitre 7

Emily était debout sous le porche de la ferme. La lampe électrique qui pendait de sa main faisait une flaque de lumière à ses pieds. La pluie cinglante trempait ses chaussures et un éclair illumina les arbres qui s'agitaient violemment de l'autre côté de la route. Le tonnerre gronda. Emily n'en croyait pas ses yeux. C'était un véritable cauchemar. Mme Zimmermann était partie. Mais où ? Et pourquoi ? Que lui était-il arrivé ?

Mettant ses mains en porte-voix, elle appela :

– Madame Zimmermann ! Madame Zimmermann !

Personne ne lui répondit. Elle descendit lentement les marches en dirigeant la lampe de poche devant elle. Sur la dernière, elle s'arrêta et regarda les alentours. Si Mme Zimmermann était sortie par la porte d'entrée et avait descendu les marches, il devait être facile de voir de quel côté elle était partie. La cour était envahie de mauvaises herbes que ni l'une ni l'autre n'avaient foulées en arrivant puisqu'elles avaient emprunté le passage couvert. En inspectant les lieux avec sa torche électrique, Emily vit que l'herbe avait été un peu piétinée juste en bas des marches. Mais il n'y avait ensuite aucune trace, dans aucune direction. L'herbe qui recouvrait le sol était haute, luisante et intacte. On aurait dit que Mme Zimmermann s'était volatilisée.

Emily fut prise de panique. Tout en appelant Mme Zimmermann à tue-tête, elle traversa l'étendue d'herbe mouillée jusqu'à la route. Elle regarda à droite. Elle regarda à gauche. Il n'y avait rien d'autre que l'obscurité et la pluie. Elle tomba à genoux dans une flaque d'eau et fondit en larmes. Elle se mit les mains sur le visage, secouée de sanglots. La pluie froide ruisselait sur elle et la trempait jusqu'aux os.

Elle finit par se relever et, en titubant comme si elle avait bu, à demi aveuglée par les larmes, elle revint sur ses pas. Mais elle s'arrêta sur le perron.

Elle ne voulait pas rentrer dans la maison. Pas maintenant, pas la nuit. Elle se retourna en frissonnant. Où pouvait-elle bien aller ?

Bessie. Bessie qui était garée dans la grange. Bessie dans laquelle elle pouvait aller dormir. La grange était sinistre, comme la maison, mais Bessie était une amie. Emily la considérait maintenant comme un être vivant, un être qui ne lui ferait pas de mal – qui la protégerait. Emily prit une grande respiration tremblante, serra les poings et partit vers la grange sous la pluie battante.

Le bruit de la lourde porte blanche qui s'ouvrait résonna sous la haute charpente du toit. Bessie était là qui l'attendait. Emily caressa le capot et monta sur le siège arrière. Elle verrouilla toutes les portières, puis s'allongea et essaya de dormir, mais en vain. Elle était trop tendue. Elle resta là toute la nuit, seule, trempée, terrifiée et épuisée. Une fois ou deux, elle se releva brusquement en croyant voir un visage derrière la vitre de la portière. Mais c'était un effet de son imagination. Il n'y avait personne.

Couchée sur la banquette, Emily regardait fixement le plafond de la voiture en écoutant l'orage. Elle réfléchissait. Mme Zimmermann avait disparu. Disparu comme par magie. En fait, il n'y avait pas lieu de dire « comme » par magie, car sa disparition était forcément due à la magie.

Emily récapitula le déroulement des événements : il y avait d'abord eu l'étrange lettre d'Oley parlant d'un anneau magique, puis la découverte de la petite boîte vide. Il y avait eu ensuite la photo grattée, et l'ombre qu'Emily avait vue bouger une nuit dans la chambre de Mme Zimmermann. Il y avait eu aussi les horribles douleurs, le bout de papier, et enfin le comportement bizarre de Mme Zimmermann au cours du trajet de retour à

la ferme. Quelle était la clé de tous ces mystères ? Et si c'était l'anneau ? Quelqu'un l'avait peut-être trouvé et s'en servait maintenant contre Mme Zimmermann ? Cette explication lui semblait plausible, mais elle ne lui était d'aucune utilité. Mme Zimmermann était partie et Emily ne savait pas où la chercher. Peut-être était-elle morte ? Quant à l'anneau magique, même s'il existait vraiment… eh bien, Emily ne savait pas qui l'avait, et elle n'avait pas la moindre idée de ce qu'elle ferait si elle l'apprenait. Sa réflexion s'arrêtait là.

Emily rumina ces pensées toute la nuit, alors que le tonnerre grondait au-dessus de sa tête et que les éclairs illuminaient les hautes fenêtres poussiéreuses de la grange. Le jour finit par se lever. Emily sortit en chancelant sous le soleil et vit que tout était d'un vert brillant, humide et frais. Dans la cour, des merles se gavaient de mûres sur un vieil arbre tout tordu. Elle eut une brève sensation d'allégresse, mais se rappela aussitôt la disparition de Mme Zimmermann et fondit à nouveau en larmes. « Non, se dit-elle fermement en refoulant ses sanglots et en repoussant ses cheveux de ses yeux. Tu ne vas pas te mettre encore à pleurer. Ça ne sert à rien, pauvre idiote. Il faut que tu fasses quelque chose ! »

Mais que pouvait-elle faire ? Elle était là, toute seule, à cinq cents kilomètres de chez elle. Un bref instant, elle imagina qu'elle pourrait conduire Bessie et rentrer toute seule à New Zebedee. Après tout, elle avait fait un bout de chemin sur la petite route près d'Ironwood. Mais cette perspective lui faisait peur. Peur d'être arrêtée par un policier, peur d'avoir un accident. Et, en plus, rentrer chez elle ne l'aiderait pas à retrouver Mme Zimmermann. Il fallait qu'elle cherche autre chose.

Emily s'assit sur les marches du perron, se mit la tête dans les mains et réfléchit encore. Fallait-il téléphoner à ses parents pour qu'ils viennent la chercher ? Elle entendait d'ici son père dire à sa mère :

– Tu vois, Louise, voilà ce qui arrive quand tu laisses Emily se balader avec des cinglés ! La vieille chouette s'est envolée sur son balai en abandonnant notre fille. Alors peut-être que la prochaine fois, tu réfléchiras avant de la confier à une folle…

Emily grimaça. Elle n'avait pas envie d'affronter son père, pas sans Mme Zimmermann. Elle devait avoir une autre idée.

Emily se creusait la tête. Elle croisait et décroisait les jambes, se mordait les lèvres et sentait sa colère monter. Elle n'allait pas se laisser faire, elle allait se battre, elle n'abandonnerait pas Mme Zimmermann. Elle pouvait sûrement faire quelque chose.

Emily sauta sur ses pieds en claquant des doigts. Bien sûr ! Qu'elle était bête ! Pourquoi n'y avait-elle pas pensé plus tôt ? Il y avait ce livre, qui s'appelait comment déjà ? Ce livre que Mme Zimmermann voulait aller consulter chez elle juste avant de changer d'idée – ou qu'on lui change son idée. Mais Emily ne l'avait pas, et elle ne voyait pas où elle pourrait en dénicher un exemplaire. Elle se rassit.

Emily songea un moment aux livres de magie. Des rangées de volumes de magie sur des étagères, de vieux livres aux couvertures mouchetées et aux titres alambiqués. Mais oui ! Jonathan avait des livres de magie. Il en avait toute une collection. Et il avait la clé de la maison de Mme Zimmermann. S'il n'avait pas chez lui ce vieux *Malus Machintruc*, il pourrait aller le chercher chez elle, dans sa bibliothèque. Et puis Jonathan s'y connaissait en magie puisqu'il était lui-même sorcier. Si Emily lui racontait ce qui s'était passé, il ne penserait pas qu'elle était cinglée. Ce bon vieux Jonathan ! Lui, il saurait que faire.

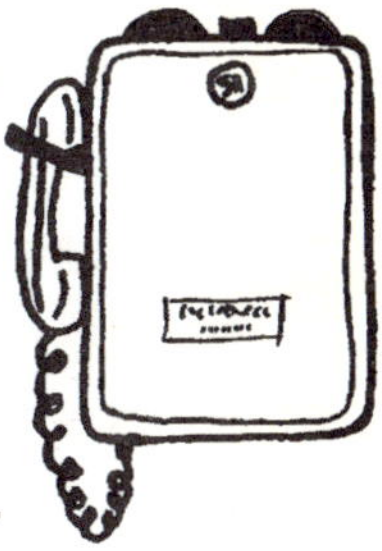

Emily se leva et entra dans la maison. Un vieil appareil téléphonique était accroché au mur de la cuisine. Elle décrocha l'écouteur et actionna la manivelle. La sonnerie du boîtier fonctionna, mais la ligne était coupée. Mme Zimmermann avait également oublié de payer la note de téléphone d'Oley.

Emily raccrocha l'écouteur et resta là un instant, complètement abattue. Mais elle pensa soudain à la boutique de Gert Bigger. Il y avait probablement là-bas un téléphone qu'elle pourrait utiliser. Emily aurait bien sûr préféré ne rien demander à cette vieille femme revêche qui avait escroqué Mme Zimmermann le soir où elles étaient tombées en panne, mais elle ne voyait pas d'autre solution. L'épicerie n'était qu'à quelques kilomètres, un peu plus bas sur la route. Emily soupira. Elle pouvait très bien y aller à pied et appeler de là-bas pour demander de l'aide.

Emily partit sur la route poussiéreuse. Il était de bonne heure, mais il faisait déjà très chaud ce matin-là. De la vapeur s'élevait de ses vêtements encore mouillés de l'orage de la nuit. Elle se demanda si elle allait s'enrhumer, sans y attacher la moindre importance. Attraper un rhume était bien le cadet de ses soucis désormais.

Le magasin de Gert Bigger était finalement plus loin qu'Emily ne le pensait. Des mouches bourdonnaient autour d'elle quand, à la sortie d'un virage, elle vit la bâtisse qui semblait trembler dans l'air brûlant. Rien n'avait l'air d'avoir changé depuis la première fois qu'elle l'avait vue, mais en se rapprochant, Emily remarqua une différence. Il y avait une poule dans le poulailler. Une seule et unique poule. Une poule blanche toute ébouriffée qui, dès qu'elle vit l'arrivante, se mit à glousser d'un air excité et à courir de long en large. Emily sourit. Elle avait eu une poule blanche apprivoisée autrefois, une poule appelée Henny Penny. Cette pauvre poule solitaire la lui rappelait. Elle se demandait pourquoi elle était si nerveuse et remarqua alors dans un coin de l'enclos un billot contre lequel était appuyée une hache. La vieille poule allait visiblement passer à la casserole. « Pauvre petite, pensa Emily, elle croit sans doute que je viens lui trancher la tête. »

Emily s'éloigna et faillit marcher sur un petit chien noir en montant les marches de l'entrée.

C'était lui qui avait aboyé lorsqu'elle était venue avec Mme Zimmermann la première fois. Il devait être recroquevillé dans l'ombre d'une marche parce que Emily aurait juré que l'escalier était vide quand elle lui avait jeté un coup d'œil une seconde avant. Comme Mme Zimmermann, Emily fit mine de lui donner un coup de pied et il s'enfuit à nouveau dans les buissons où il disparut.

Emily monta les dernières marches, ouvrit la porte et regarda à l'intérieur. Gert Bigger était là, agenouillée sur le sol. Elle déballait des boîtes de céréales et les rangeait sur une étagère.

– Ah, c'est vous ! dit-elle en regardant Emily d'un air agressif. Qu'est-ce que vous voulez ?

– Je... il faut que je téléphone, lui répondit Emily d'une voix tremblante.

Elle avait peur de fondre en larmes.

– Eh bien, j'espère que vous avez de la monnaie. Il y a un téléphone payant, là-bas, sur le mur.

Gert Bigger montra du doigt un vieil appareil noir tout écaillé au bout du comptoir.

Emily fouilla dans sa poche et n'en sortit que quelques petites pièces. Elle allait devoir appeler en PCV.

Elle remonta l'allée du magasin et sentit que Gert Bigger la suivait du regard. Elle se demanda pourquoi et pensa que c'était par simple curiosité.

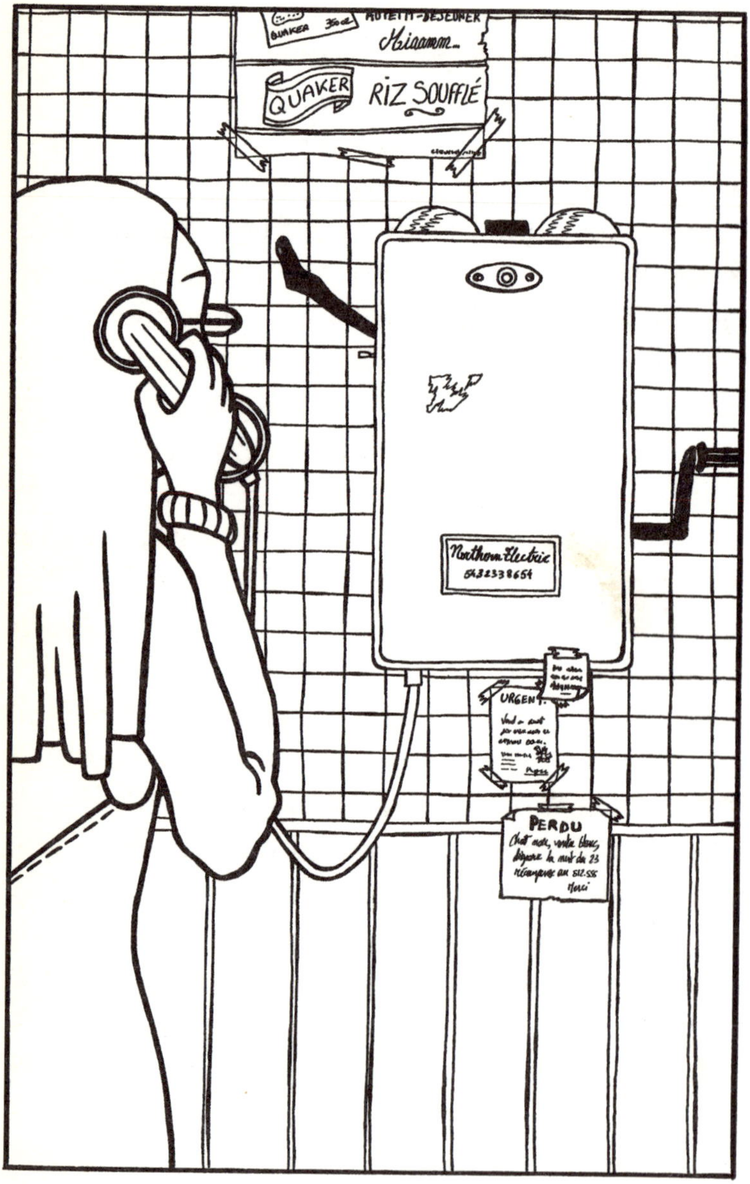
QUAKER
Miaamm...
QUAKER
RIZ SOUFFLÉ
Northern Electric
5432338654
URGENT
PERDU
Chat noir, ventre blanc,
disparu la nuit du 23
récompense au 512-555
Merci

Elle posa ses pièces sur une petite étagère sous le téléphone et lut la feuille jaune des instructions. Pour appeler en PCV, elle devait faire le 0 pour appeler l'opératrice. Emily mit son doigt dans le trou du 0 et elle allait le composer lorsqu'elle vit du coin des yeux que Gert Bigger la regardait toujours fixement. Elle s'était arrêtée de travailler et, agenouillée au milieu de l'allée, se contentait de l'observer.

Le doigt d'Emily s'arrêta à mi-parcours. Elle le retira, et le petit cadran cliqueta en revenant à son point de départ. Une drôle d'idée venait de lui traverser l'esprit : et si c'était Gert Bigger qui avait fait quelque chose à Mme Zimmermann ? Elle lui en voulait, Emily le savait. Et elle habitait tout près de la ferme. Elle s'y était peut-être introduite après la mort d'Oley pour voler l'anneau magique. C'était une idée un peu folle, Emily en était consciente, mais elle se demandait quand même si elle n'était pas fondée.

Elle tourna la tête et son regard croisa celui de Gert Bigger.

– Qu'est-ce qu'il y a, grogna celle-ci. Vous avez oublié le numéro que vous vouliez appeler ?

– Euh... ouais, je veux dire non, m'dame... ce n'est rien, bredouilla Emily en se retournant vers le téléphone.

« Elle est stupide, se dit-elle. Cette vieille bonne femme grognon n'est pas une sorcière. Elle n'a pas d'anneau magique. Arrête de jouer au détective, passe ton coup de téléphone et finissons-en ! »

Emily composa le 0 et entendit l'opératrice. Elle lui demanda d'appeler en PCV M. Jonathan Barnavelt, à New Zebedee dans le Michigan. Son numéro était le 865. Emily attendit. Elle entendit quelques grésillements et chuintements, puis le bourdonnement indiquant que l'opératrice appelait Jonathan. *Bzz. Bzz. Bzz.*

– Je suis désolée, dit l'opératrice, votre correspondant ne répond pas. Voulez-vous…

– Essayez un peu plus longtemps, s'il vous plaît, insista Emily. Je vous en prie, madame, c'est urgent.

– Très bien.

La sonnerie se poursuivit et les yeux d'Emily se mirent à vagabonder. Sur le mur en face du téléphone, elle vit une vieille photographie encadrée de noir. Celle d'un homme vêtu d'un costume démodé et portant une moustache en guidon de vélo…

Emily se figea sur place. Elle savait qui était cet homme. Il était sur la photo que Mme Zimmermann avait trouvée dans le magasin de brocante. Et elle se rappelait son nom. Il s'appelait Mordecai. Mordecai Hunks. C'était lui que Mme Zimmermann et Gert Bigger s'étaient disputées autrefois. Il était à l'origine de la haine que Gert Bigger éprouvait pour Mme Zimmermann, de cette vieille rancune qu'elle gardait envers elle. Tout commençait à se mettre en place maintenant...

Tournant légèrement la tête, Emily regarda Gert Bigger du coin de l'œil. Mais, à cet instant, un klaxon retentit à l'extérieur. Quelqu'un voulait de l'essence. Gert Bigger poussa un soupir de mécontentement, se releva pesamment et marcha d'un pas lourd jusqu'à la porte.

– Je suis désolée, mademoiselle, dit l'opératrice, mais je ne peux continuer à laisser sonner le numéro de votre correspondant. Pourriez-vous rappeler plus tard ?

Emily, qui avait oublié ce qu'elle était en train de faire, eut un instant de surprise.

– Euh... d'accord, marmonna-t-elle. Je... j'essaierai plus tard. Merci.

Elle raccrocha l'appareil et jeta un rapide coup d'œil alentour. C'était maintenant ou jamais. Derrière le comptoir, il y avait une porte recouverte d'un lourd rideau marron. Emily regarda la devanture du magasin et vit à travers la vitrine Gert Bigger pomper de l'essence. Une seconde voiture vint se garer de l'autre côté des pompes. La vieille chouette allait apparemment en avoir pour un moment.

Emily respira profondément, écarta le rideau et se glissa derrière.

Elle se retrouva dans une vilaine petite pièce peinte en vert pâle. Un calendrier d'une compagnie de charbonnage était accroché au mur et une ampoule nue pendait du plafond. Un petit coffre-fort métallique se dressait dans un coin. Contre le mur du fond, il y avait un long et haut bureau étroit sur lequel se trouvait un vieux cahier couvert de colonnes de chiffres additionnés. À côté de lui étaient soigneusement rangés une bouteille d'encre Parker, une série de porte-plume rouillés, une gomme marron, des crayons noirs bien taillés, ainsi qu'un gros livre de comptes vert dont la couverture cartonnée mentionnait l'année 1950. Il n'y avait là rien qui ait l'air d'avoir le moindre rapport avec la magie.

Emily eut un instant de découragement. Elle se sentait ridicule. Mais attends voir ! Qu'est-ce que c'est que ça ? Elle s'agenouilla. Il y avait sous le bureau une étagère où étaient empilés d'autres livres de comptes identiques au premier, sauf qu'ils étaient tout poussiéreux et portaient d'autres dates : 1949, 1948, etc. Emily ouvrit l'un d'eux. Il ne contenait que d'interminables colonnes de chiffres. Des débits, des crédits, des reçus et tout ce genre de choses. Elle allait le remettre en place lorsqu'elle vit dépasser quelque chose de ses pages. Elle tira dessus. C'était un bout de papier plié en quatre. Elle l'ouvrit et vit un dessin au crayon qui avait cette forme :

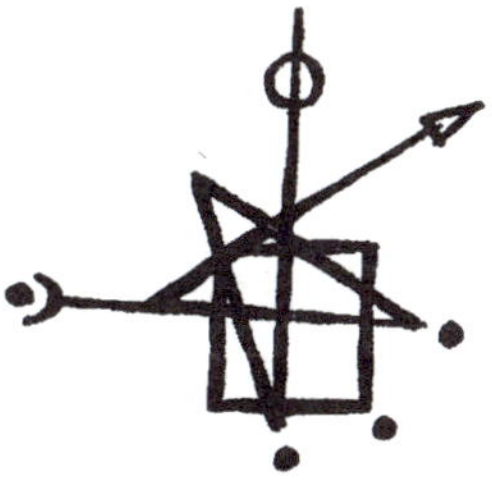

Tenant le papier dans ses mains tremblantes, Emily sentit les battements de son cœur s'accélérer. Même si elle n'y connaissait rien en magie, elle savait ce que c'était parce que l'oncle Jonathan lui avait un jour permis de feuilleter en sa présence un de ses livres de magie. Ce dessin était un pentacle magique, un de ces charmes qu'utilisent les sorciers et les sorcières quand ils veulent que telle ou telle chose se produise. Emily regardait fixement le dessin. Elle l'examina si longtemps et si attentivement qu'elle n'entendit pas le léger tintement du carillon de la porte d'entrée du magasin que l'on avait doucement ouverte et soigneusement refermée. Une latte du plancher craqua derrière elle et Emily se retourna. Le rideau s'écarta brusquement et Gert Bigger apparut.

– Mais qu'est-ce que ça veut dire ? Qu'est-ce que vous faites là ?

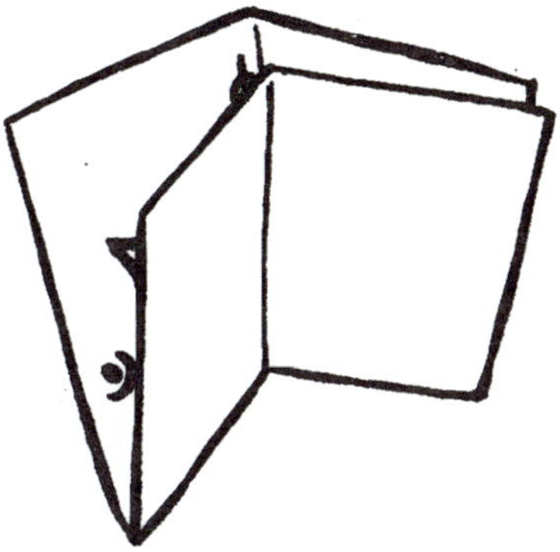

Chapitre 8

Agenouillée sur le sol, Emily leva les yeux sur le visage furieux de Gert Bigger. Elle tenait toujours dans ses mains tremblantes le bout de papier sur lequel était tracée l'étrange figure.

Gert Bigger s'avança en laissant retomber le rideau derrière elle.

– Vous m'entendez, mademoiselle ? Qu'est-ce que vous fichez ici ? Vous savez qu'il est interdit d'entrer dans une propriété privée et qu'il existe des maisons de correction pour les voleuses ? Que diraient vos parents s'ils l'apprenaient ? Hein ? Ils seraient contents ?

Emily ouvrit la bouche pour lui répondre, mais tout ce qui en sortit fut :

– Je… je… je m'excuse… je ne voulais pas…

Gert Bigger avança d'un pas. Elle tendit la main et arracha le papier des doigts engourdis d'Emily. Il y eut un silence pendant que Gert Bigger regarda le papier, puis Emily, avant de revenir au papier. Elle avait l'air de se demander quelle décision prendre.

À cet instant, le carillon de la porte d'entrée du magasin tinta et une voix appela :

– Hou hou ! Gertie ! Tu es là ?

Gert Bigger se tourna en jurant à voix basse. Emily sauta sur ses pieds, se glissa par l'étroite ouverture du rideau et fonça vers la sortie du magasin. Une femme d'un certain âge la regarda passer, l'air surpris, son sac à provisions à la main. La porte claqua bruyamment derrière elle. Elle descendit l'escalier quatre à quatre et se précipita sur la route. Elle courait sans rien voir et s'entendait pleurer. Elle coupa l'angle d'un champ de blé en piétinant les épis encore verts. Puis elle sentit sous ses pieds l'herbe d'un sentier qui longeait le champ et montait sur une petite colline. Emily le suivit en courant aussi vite qu'elle pouvait, jusqu'à ce qu'elle s'effondre sous les branches basses d'un orme qui poussait près d'un gros rocher plat. Elle se jeta dans l'herbe, arracha ses lunettes et éclata en sanglots.

Elle resta là à pleurer un bon moment. Elle se sentait épuisée, affamée, terrifiée, et surtout très seule. Elle n'avait rien mangé depuis la veille au soir et n'avait presque pas dormi. Elle avait eu très peur que Gert Bigger ne la poursuive, s'imaginant sans cesse sentir sa main sur son épaule. Mais il ne s'était rien passé. Tout en pleurant, elle sentit peu à peu son corps se détendre. Elle n'avait plus de souci à se faire maintenant... plus de souci du tout. C'était un sentiment délicieux. Son esprit commençait doucement à s'assoupir. C'était si agréable d'être allongée là, à l'ombre... tellement, tellement bon... mais ce serait encore meilleur d'être à la maison. À la maison... dans...

Les yeux d'Emily se fermèrent. Une douce brise agitait les blés et une mouche bourdonnait nonchalamment au loin. Emily secoua faiblement la tête, luttant contre la somnolence qui l'engourdissait. Elle essayait de se rappeler quelque chose. C'était quoi, déjà ? Elle ne le sut jamais car elle s'endormit presque aussitôt.

– Hé, réveille-toi ! Tu ferais mieux de ne pas dormir ici. Il ne faut pas dormir sur la terre humide, tu ne le sais pas ? Tu vas attraper un rhume. Allez, réveille-toi !

L'insistance de cette voix inquiète réveilla Emily. Elle secoua la tête, leva les yeux et ne vit qu'une

image floue. Elle n'avait pas ses lunettes ! Elle tâtonna un instant dans l'herbe et les retrouva. Elle se les mit sur le nez et, levant à nouveau les yeux, elle vit une fille de son âge qui portait une chemise écossaise à manches courtes, des jeans et des rangers de l'armée couverts de boue. Ses cheveux blonds et raides, séparés par une raie au milieu, pendaient de chaque côté de son visage allongé. Un visage qui avait une expression soucieuse et désolée et dont les sourcils noirs s'arrondissaient sous un front plissé d'inquiétude. Emily se dit qu'elle avait déjà vu cette tête quelque part. Mais où ? Elle s'en souvint et failli éclater de rire. Cette fille ressemblait au valet de trèfle, dans les jeux de cartes.

– Salut, dit la fille. Je suis contente que tu te réveilles ! Personne ne t'a jamais dit qu'il ne faut pas dormir par terre quand le sol est humide ? Il a plu la nuit dernière, tu sais.

– Oui, je sais, lui répondit Emily.

Elle se leva et lui tendit la main.

– Je m'appelle Emily Pottinger. Et toi ?

– Agatha Sipes. Mais on m'appelle Aggie. J'habite là-haut, sur cette colline. C'est la ferme de mon père. Dis-moi, c'est toi qui a piétiné le blé là-derrière ?

Emily opina tristement de la tête.

– Oui, c'est moi. Je suis désolée, mais je pleurais si fort que je n'ai pas regardé où je marchais.

La fille avait l'air consternée.

– Tu n'aurais pas dû faire ça. Les agriculteurs travaillent dur pour gagner leur vie ! Et tu pleurais pourquoi ? ajouta-t-elle sur un ton moins sévère.

Emily ouvrit la bouche, mais elle hésita. Elle voulait bien raconter ses ennuis, mais à condition qu'on la croit.

– Mon amie, Mme Zimmermann, a disparu et je ne sais pas où la chercher. Nous étions cette nuit dans la ferme qui est un peu plus loin sur la route, et elle s'est précipitée dehors et s'est volatilisée.

La fille se frotta le menton d'un air entendu.

– Oh, je sais ce qui s'est passé ! Elle a sûrement été se promener dans la forêt et s'est perdue. C'est ce qui arrive à des tas de gens ici l'été. On va aller chez moi téléphoner au bureau du shérif et ils enverront des hommes à sa recherche. Ne t'en fais pas, ils la retrouveront, j'en suis sûre.

Emily repensa au petit carré d'herbe piétiné devant la ferme, d'où ne partait aucune trace. Cela ne servirait à rien. Il valait mieux prendre le risque de lui raconter la vérité.

– Est-ce que… est-ce que tu crois à la magie ? lui demanda-t-elle brusquement.

La fille la regarda d'un air éberlué.

– Quoi ?

– Je t'ai demandé si tu croyais à la magie.

– Tu veux dire aux fantômes, aux sorcières, aux formules magiques et à tout ce genre de trucs ?

– Ouais.

Agatha sourit timidement.

– Oui, j'y crois. Je sais qu'il ne faut pas, mais je ne peux pas m'en empêcher. Et des fois, ajouta-t-elle d'une voix inquiète, je pense qu'il y a un fantôme dans la cave de notre maison, mais maman dit que c'est le bruit du vent qui souffle la nuit. Tu crois qu'il y a un fantôme dans notre cave ?

– Comment veux-tu que je le sache ? dit Emily d'une voix agacée. Bon, est-ce que tu veux que je te raconte ce qui est arrivé à Mme Zimmermann ou non ?

– Oui, oui, raconte-moi tout.

Emily et Agatha s'assirent dans l'herbe sous les branches de l'orme. L'estomac d'Emily gargouilla, lui rappelant qu'elle n'avait rien mangé depuis la veille. Elle avait terriblement faim. Mais elle voulait raconter son histoire et Agatha avait l'air impatiente de l'entendre. Emily commença son récit.

Elle raconta tout, tout ce qu'elle savait, depuis la mystérieuse lettre d'Oley et la découverte de la petite boîte vide jusqu'aux événements très étranges qu'elle-même et Mme Zimmermann avaient vécus plus récemment. Lorsqu'elle en vint à la disparition de Mme Zimmermann, les yeux d'Agatha s'agrandirent. Et quand elle lui décrivit la scène avec Mme Bigger, les yeux d'Agatha s'écarquillèrent encore plus et elle resta bouche bée. Elle lança un regard anxieux dans la direction du magasin de Gert Bigger.

– Hé ben dis donc ! s'écria-t-elle. Tu as de la chance qu'elle ne t'ait pas tuée ! Et tu sais ce que je pense ? Je suis sûre que c'est elle qui a fait disparaître ton amie.

Emily regarda Agatha d'un air étrange.

– Tu... tu sais des choses sur elle ? Sur Mme Bigger, je veux dire ?

– Sûr que j'en sais. C'est une sorcière.

C'était maintenant au tour d'Emily d'être éberluée.

– Ah bon ! Et comment tu le sais ?

– Comment je le sais ? Parce que l'année dernière, j'ai travaillé à la bibliothèque Ellis Corners et qu'elle est venue prendre tous les livres qui

parlaient de magie, jusqu'au dernier ! Voilà comment je le sais ! Et ceux qui étaient dans la salle de consultation et qu'on ne peut pas emprunter, elle les a lus sur place pendant des heures. Alors j'ai questionné la bibliothécaire, Mme Bryer, et elle m'a dit qu'elle faisait ça depuis des années. Il paraît qu'elle s'est inscrite à toutes les bibliothèques du coin et qu'elle emprunte tous les livres de magie qu'elle peut trouver. Mme Bryer dit qu'elle use les couvertures à force de les lire et qu'elle ne les ramène jamais avant que la bibliothèque ne les lui réclame. C'est bizarre, non ?

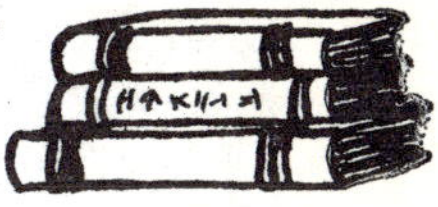

– Oui, c'est vraiment bizarre.

Emily avait une drôle d'impression. Elle était ravie parce que son intuition se vérifiait – du moins c'était ce qu'il lui semblait. Mais en même temps, elle avait peur et se sentait impuissante. Si Mme Bigger était véritablement une sorcière, qu'allaient-elles pouvoir faire, elle et Aggie ?

Emily se leva et se mit à marcher de long en large. Puis elle se rassit sur le rocher plat et se plongea dans ses réflexions. Debout à côté d'elle, Aggie avait l'air mal à l'aise. Elle se balançait nerveusement d'un pied sur l'autre et fronçait les sourcils d'un air plus soucieux que jamais.

– Est-ce que j'ai dit quelque chose de mal, Emily ? demanda-t-elle au bout de quelques minutes de silence. Si c'est ça, je suis désolée, vraiment désolée.

Emily revint sur terre et leva les yeux.

– Mais non, Aggie, tu n'as rien dit de mal. Bien sûr que non ! C'est juste que je ne sais pas quoi faire. Si tu as raison, si Mme Bigger est une sorcière et si elle a fait quelque chose à Mme Zimmermann, alors... eh bien, qu'est-ce qu'on peut faire ? Je veux dire, juste nous deux.

– Je sais pas.

– Moi non plus.

Il y eut un autre long silence qui dura plus de cinq minutes. Puis Aggie reprit la parole.

– Bon, je sais ce qu'on va faire. On va rentrer chez moi prendre un bon repas. Ma mère fait toujours beaucoup à manger car nous avons une très grande famille, et je suis sûre qu'il y en aura assez pour toi. Viens ! Après le déjeuner, nous trouverons peut-être ce qu'il faut faire. On ne peut pas réfléchir correctement avec l'estomac vide. C'est ce que dit mon père, en tout cas.

Emily n'avait pas l'air très enthousiaste, mais n'ayant pas de meilleure idée, elle suivit Aggie qui ne cessa de bavarder de la rage, du tétanos, des décharges électriques, et de la mayonnaise qui reste dans le frigo trop longtemps. Emily ne l'écoutait que d'une oreille. Elle continuait à réfléchir en s'efforçant de prendre une décision. Devait-elle arrêter de jouer au détective et appeler ses parents pour qu'ils viennent la chercher ? Non. Emily était têtue et continuait à penser qu'elle pourrait retrouver Mme Zimmermann sans leur aide. Après ce qu'Aggie venait de lui apprendre sur Mme Bigger et les livres de magie, elle était maintenant persuadée que la disparition de Mme Zimmermann était due à une histoire de sorcellerie. Elle retomba donc sur l'idée d'appeler Jonathan. Elle allait le faire dès qu'elle arriverait chez Aggie. Avec toutes ces pensées qui se bousculaient dans sa tête, Emily essayait de trouver la marche à suivre. Qu'allait-elle dire à Mme Sipes pour lui expliquer ce qui s'était passé ?

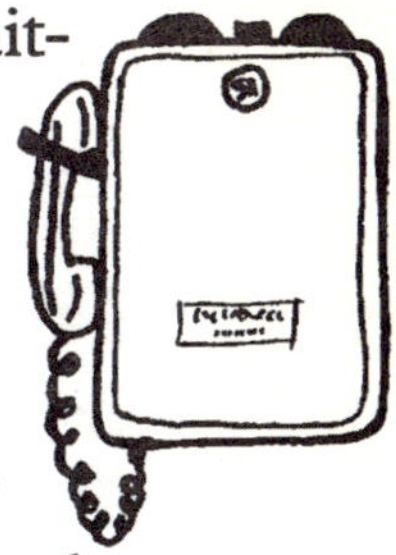

Elles étaient en vue de la ferme quand elle saisit le bras d'Aggie.

– Attends une minute, Aggie.

– Pourquoi ? Qu'est-ce qu'il y a ?

– Il faut que nous inventions une histoire pour ta mère. Je ne peux pas lui raconter ce que je t'ai dit. Elle va penser que je suis folle ! Je ne peux même pas lui dire mon vrai nom parce qu'elle voudra appeler mes parents, et je ne veux pas qu'elle le fasse.

Aggie fronça les sourcils.

– Il vaut mieux ne pas mentir à ma mère. Ce n'est pas bien de mentir et, de toute manière, elle le sentira. Ma mère est très perspicace. Elle s'en apercevra de suite.

Quand les gens ne tombaient pas d'accord avec elle, Emily avait tendance à se fâcher. Mais là, elle était doublement furieuse car elle était fière de son talent – elle savait si bien inventer les alibis et les excuses. Ce n'est déjà pas facile de trouver une excuse, mais échafauder toute une histoire est encore plus ardu parce qu'il faut qu'elle soit crédible. Et Emily était une experte – la plupart du temps.

Elle lança un coup d'œil agacé à Aggie.

– Ta mère est sûrement très maligne, mais moi je suis très forte pour inventer les histoires. On va s'asseoir un moment et en trouver une, et puis on l'apprendra par cœur pour ne pas faire de gaffe.

Aggie protesta à son tour.

– Tu crois ça ? Et qu'est-ce qu'on va lui dire ? Voici ma nouvelle amie, Emily, qui vient de débarquer d'une soucoupe volante ?

– Mais non, andouille, on ne va pas lui dire ça. On va lui raconter quelque chose qui lui paraîtra vrai. Et puis on appellera l'oncle Jonathan pour lui demander la formule magique qui forcera

Mme Bigger à nous dire où est Mme Zimmermann. D'accord ?

Aggie se mordit la lèvre, plissa le front, puis poussa un profond soupir.

– Bon, d'accord. Mais si on se fait prendre, je dirai que c'est ta faute. Je ne veux pas me faire attraper à ta place. C'est toi qui trouve que c'est bien de mentir.

Emily serra les dents.

– Non, ce n'est pas bien de mentir. Mais on ne peut pas faire autrement, c'est tout. Allez viens. Voilà ce qu'on va dire…

Une cloche se mit à sonner. Une petite cloche aiguë très sonore qui appelait pour le déjeuner les habitants de la ferme. Aggie fit un pas, mais Emily lui saisit le bras et la tira derrière un buisson de forsythia. Puis elle approcha ses lèvres de son oreille et se mit à chuchoter.

Chapitre 9

La ferme des Sipes était un grand bâtiment blanc flanqué d'une vaste véranda grillagée. Une profusion de fleurs poussait près du perron et des massifs de pivoines décoraient la cour devant la maison. À l'une des plus grosses branches d'un grand pommier, on avait accroché une corde au bout de laquelle pendait un pneu. Des jouets traînaient partout – des battes de base-ball, des vélos, des tricycles, des puzzles, des poupées, des camions, des pistolets en plastique, et des tas d'autres choses. Mais quand Aggie ouvrit la porte d'entrée, Emily fut frappée de voir comme l'intérieur de la maison était propre et bien rangé. Toutes les boiseries étaient soigneusement cirées et des napperons brodés ornaient les tables, les bahuts et les étagères. L'escalier était recouvert d'un tapis à fleurs et une horloge faisait entendre son tic-tac dans l'entrée. De délicieuses odeurs de cuisine flottaient dans l'air.

Aggie conduisit Emily directement à la cuisine et la présenta à sa mère. Mme Sipes avait le même visage allongé et les mêmes sourcils inquiets que sa fille, mais elle lui fit un accueil chaleureux. Elle essuya ses mains blanchies de farine sur son tablier et lui souhaita la bienvenue.

– Bonjour ! Je suis heureuse de faire ta connaissance ! Je me demandais où était passée Aggie. Cela fait cinq fois que je sonne la cloche du déjeuner et j'allais renoncer à l'attendre. Comment t'appelles-tu ?

Emily hésita un bref instant.

– Euh, Emma. Emma Potts.

– Quel joli nom ! Eh bien, Emma, comment vastu ? Tu es en visite dans le coin ? Je ne crois pas t'avoir déjà vue par ici.

Emily se tortilla, mal à l'aise.

– Euh, non, nous ne nous sommes jamais vues parce que... parce que je suis juste venue en vacances ici avec... avec Mme Zimmermann.

Emily hésita.

– C'est une amie de ma famille, une très bonne amie, ajouta-t-elle rapidement.

– Oui, renchérit Aggie. Mme Machintruc et la famille d'Emi... euh, d'Emma sont très amies, vraiment. Mais madame... madame...

– Zimmermann, dit Emily en lançant à Aggie un regard noir.

– Oui, c'est ça, Mme Zimmermann. Eh bien, le vieil Oley – tu le connaissais, maman –, il a laissé sa ferme à Mme Zimmermann qui est venue la voir avec Emma, et hier soir, Mme Zimmermann a été se promener dans les bois derrière la ferme, et elle a disparu.

– Oui, reprit Emily. Je pense qu'elle a dû se perdre. En tout cas, je ne l'ai pas retrouvée et je commence à avoir peur.

Emily retint sa respiration. Mme Sipes allait-elle croire à cette histoire ?

– Oh, ma pauvre Emma ! s'écria Mme Sipes en lui passant le bras autour de l'épaule. C'est terrible ! Écoute, voilà ce que je vais faire. Je vais téléphoner au bureau du shérif et ils vont tout de suite envoyer des hommes à sa recherche. Il y a quelqu'un qui s'est perdu dans la forêt l'année dernière, et ils l'ont retrouvé sain et sauf. Alors, ne te fais pas de souci, ton amie va s'en sortir !

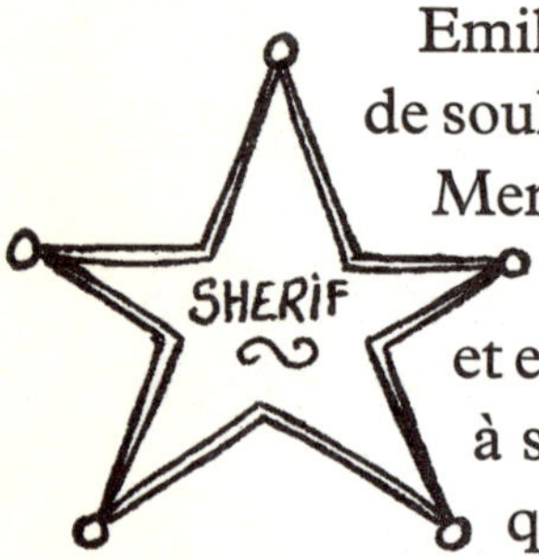

Emily poussa intérieurement un soupir de soulagement.

Mentir sur la disparition de Mme Zimmermann ne lui plaisait pas du tout et elle était en fait horriblement inquiète à son sujet. Mais elle se demandait ce qu'aurait dit Mme Sipes si elle lui avait raconté que son amie s'était tout simplement volatilisée sans laisser la moindre trace.

Quelques instants plus tard, après que le bureau du shérif fut prévenu, Emily se retrouva assise à la longue table de la salle à manger avec Aggie, ses sept frères et sœurs et Mme Sipes. On l'avait placée tout au bout, là où s'asseyait habituellement M. Sipes. Celui-ci était parti à Petoskey pour affaires et devait revenir le lendemain.

Emily jeta un coup d'œil circulaire. Toute la famille avait le même air inquiet. Ils avaient tous le visage allongé et les sourcils relevés, qu'ils soient grands ou petits. Elle compta cinq garçons, deux filles (dont Aggie), et un bébé dans une chaise haute. Il y avait sur la table un grand plat de viande avec des pommes de terre, des carottes et des oignons, ainsi que deux plats fumants de boulettes et d'autres légumes, une miche de pain frais posée sur une planche et deux gros pichets de lait. Mme Sipes récita le bénédicité et tout le monde s'apprêta à manger.

– Emma va se servir en premier, dit Mme Sipes, puisqu'elle est notre invitée !

Emily, qui ne s'était pas encore habituée à son nouveau nom, sursauta lorsqu'on lui passa le plat de carottes.

– Oh... euh, merci, marmonna-t-elle en se servant.

Quand tout le monde eut sa part, Mme Sipes dit d'une voix haute et claire :

– Les enfants, je veux vous dire qu'Emma, notre invitée, a de graves ennuis. L'amie avec laquelle elle voyageait s'est perdue dans la forêt, et nous essayons de la retrouver. Le shérif a envoyé une patrouille à sa recherche.

– Il faut être vraiment idiote pour se perdre dans les bois, lança un grand garçon aux cheveux noirs bouclés.

– Leonard, protesta Mme Sipes d'un air scandalisé, tu veux bien te taire !

Elle se tourna vers Emily et lui sourit avec bienveillance.

– Je te prie d'excuser la grossièreté de mon fils. Mais dis-nous, Emma, d'où viens-tu ?

– De New Zebedee, madame. C'est une petite ville au sud de l'État. Vous n'en avez sans doute jamais entendu parler.

– Je crois que je sais où c'est, dit Mme Sipes. Bon, je pense qu'il vaut mieux prévenir tes parents. Il faut qu'ils sachent ce qui s'est passé. Quel est ton nom de famille ?

Emily regarda fixement la nappe et prit l'air le plus triste possible.

– Mes parents sont morts. Tous les deux. Je vis avec mon oncle, qui est mon tuteur. Il s'appelle Jonathan Barnavelt et habite 100, rue Haute.

Mme Sipes eut l'air surprise et désolée.

– Mon Dieu, ma pauvre petite fille ! Quelle série de malheurs ! D'abord la mort de tes parents, et maintenant ce qui vient de se passer ! Mais dis-moi, Emma, comment est-ce arrivé ?

Emily cligna des yeux.

– Comment quoi est arrivé ?

– Comment tes parents sont-ils morts ? Excuse-moi de te poser une question aussi triste, et dans ces circonstances, mais je ne peux pas m'empêcher de me demander ce qui leur est arrivé.

Emily fit une pause. Il y avait une lueur de malice dans son regard car elle commençait à prendre un certain plaisir à mentir. Au début, elle avait eu peur d'être démasquée, mais maintenant que Mme Sipes avait cru à l'histoire de l'amie perdue dans la forêt et la prenait pour une orpheline – sans parler de son faux nom –, Emily avait l'impression qu'elle pourrait lui faire avaler n'importe quoi. Elle pouffait intérieurement et se trouvait très ingénieuse d'avoir raconté que Jonathan était son tuteur. C'était une excellente idée parce qu'elle allait pouvoir lui téléphoner sans perdre de temps pour lui demander ce qu'elle voulait savoir. Elle avait initialement prévu de simplement dire que ses parents s'étaient tués dans un accident de voiture, mais elle décida de se lancer dans un mensonge plus raffiné. Cela ne pouvait faire de mal à personne.

– Mes parents sont morts d'une drôle de manière, commença-t-elle. Mon père était garde forestier. Il arpentait la forêt pour s'assurer qu'il n'y avait pas de feu ou d'autres problèmes, et un jour, il est tombé sur un barrage de castor, un barrage qui avait l'air très bizarre – tout enchevêtré et désordonné. Mon père n'en avait jamais vu d'aussi minable et il s'est demandé pourquoi il avait cette allure. Ce qu'il ne savait pas, c'est qu'il avait été construit par un castor ayant la rage. Et quand mon père a été chercher ma mère pour le lui montrer, le castor les a mordus tous les deux et ça les a tués.

Il y eut un silence. Un silence de mort. Puis la sœur d'Aggie pouffa et l'un des frères éclata de rire.

– Tiens, c'est curieux, dit Leonard d'un ton sarcastique, je croyais que quand un castor avait la rage, il se contentait de se planquer dans la forêt pour y mourir. Qu'est-ce que t'en penses, Ted ?

– T'as raison, répondit le garçon qui était assis à côté de lui. J'ai jamais entendu parler de quelqu'un qui se serait fait mordre par un castor enragé. Et d'ailleurs, si ça s'était vraiment passé comme ça, comment tu l'aurais su ? Si tes parents se sont fait mordre et sont morts, ils ont rien pu te raconter, non ?

Emily sentit son visage s'empourprer. Tout le monde la regardait et elle avait l'impression d'être nue. Les yeux fixés sur son assiette, elle marmonna :

– C'était un castor d'une espèce très rare.

Il y eut un nouveau silence, de nouveaux regards sur elle. Finalement, Mme Sipes s'éclaircit la gorge et dit :

– Bon ! Emma, je vais te demander de venir avec moi dans une autre pièce un instant, si tu veux bien. Et toi aussi Aggie.

Aggie se leva et suivit Emily. Mme Sipes leur montrait le chemin, et la triste petite procession monta l'escalier et entra dans une chambre qui donnait sur la façade. Emily et Aggie s'assirent côte à côte sur le lit, et Mme Sipes referma doucement la porte derrière elle.

– Eh bien, dit-elle en croisant les bras, les yeux fixés sur Emily. J'ai déjà entendu pas mal d'histoires invraisemblables dans ma vie, mais celle-là remporte la palme ! Je sentais bien que quelque chose sonnait faux dans l'histoire de la mort de tes parents, Emma… au fait, c'est ton vrai nom ?

Emily secoua la tête.

– Non, madame, répondit-elle d'une voix larmoyante. Je m'appelle Emily.

Mme Sipes eut un léger sourire.

– Bon, ça se ressemble quand même un peu. Maintenant écoute-moi, Emily, dit-elle en la regardant droit dans les yeux. Tu as sans doute des ennuis et je veux bien t'aider. Je ne sais pas ce qui t'a poussée à inventer cette ridicule histoire de castor, mais il faudra que tu mentes beaucoup mieux si tu veux devenir une arnaqueuse professionnelle ou autre chose de ce genre. Alors, peux-tu me raconter, sincèrement et honnêtement, ce qui s'est vraiment passé et pourquoi tu es ici ?

Emily regarda Mme Sipes d'un air sombre. Elle se demandait ce qu'elle dirait si elle lui parlait du petit carré d'herbe piétiné d'où ne partait aucune trace.

– Je vous l'ai dit, madame Sipes, dit Emily avec insistance. Mon amie, Mme Zimmermann, s'est perdue et je ne sais pas où elle est. Parole d'honneur.

Mme Sipes soupira.

– Bon, je veux bien croire que cette partie de ton histoire est vraie. Mais je n'ai jamais entendu un mensonge aussi horrible que cette histoire de castor, jamais ! Mordus par un castor enragé, tiens donc ! Et maintenant tu me dis que ton véritable nom est Emily. Allez, dis-moi la vérité ! Tes parents sont morts, ou ils sont vivants ?

– Ils sont vivants, répondit Emily d'une voix sourde et désespérée. Ils s'appellent George et Louise Pottinger, et ils habitent 39, rue du Château à New Zebedee, dans le Michigan. Je suis leur fille, c'est vrai, je le jure. Croix de bois, croix de fer, si je mens, je vais en enfer.

Mme Sipes lui sourit avec bienveillance.

– Alors, ce n'est pas plus facile de dire la vérité ?

« Pas vraiment », pensa Emily, mais elle ne répondit rien. Mme Sipes poussa un nouveau soupir et secoua la tête.

– Je ne te comprends pas, Emily. Pas du tout. S'il est vrai que tu voyageais avec une amie de ta famille qui s'appelle Mme Zimmermann…

– Mais c'est vrai ! dit Emily en l'interrompant. Son sac à main est encore sur la table de la cuisine dans cette vieille ferme minable, et il y a sûrement dedans son permis de conduire et des tas d'autres papiers à son nom. Vous verrez bien !

Elle croisa les bras et regarda Mme Sipes d'un air furieux.

– Très bien, reprit calmement Mme Sipes. Comme je disais, si cette partie de ton histoire est vraie, pourquoi diable as-tu essayé de me cacher l'identité de tes parents ?

Une réponse lui vint aussitôt à l'esprit, une réponse qui n'était pas complètement fausse.

– Parce que mon père n'aime pas Mme Zimmermann. Il pense qu'elle est cinglée et, si on la retrouve saine et sauve, il ne me laissera plus jamais partir avec elle.

– Mais, dis-moi, je te trouve un peu dure avec ton père, s'étonna Mme Sipes. Je ne le connais pas, bien sûr, mais je ne vois pas pourquoi il penserait que Mme Zimmermann est folle juste parce qu'elle s'est

CUISINE - 1
CUISINE - 2
JARDINAGE
HERBES ET AROMATES
POMMES ET POIRES
FRUITS ROUGES

perdue dans la forêt. Il y a des tas de gens qui se perdent, tous les jours.

« Ouais, pensa Emily, mais s'il découvrait que Mme Zimmermann est une sorcière, il piquerait sûrement une crise. Et en plus, il ne peut pas nous aider. Oncle Jonathan est le seul à pouvoir le faire. » Emily se tortillait avec impatience en enfonçant son talon dans le tapis. Elle se sentait prisonnière. Si seulement Mme Sipes pouvait s'en aller pour qu'elle puisse appeler oncle Jonathan qui lui dirait que faire avec Mme Bigger ! Il lui donnerait la formule magique et tout rentrerait dans l'ordre. Elle se sentait frustrée, un peu comme si elle voulait tendre la main pour prendre quelque chose et qu'on lui tapait dessus au moindre geste. Elle avait besoin de ce livre de magie au drôle de nom. Mais elle ne pourrait rien faire tant que Mme Sipes ne la laisserait pas seule.

Pendant qu'Emily ruminait toutes ces pensées, Mme Sipes discourait sur la responsabilité et l'honnêteté, ajoutant que vos parents peuvent véritablement être vos meilleurs amis si vous leur faites confiance. Quand Emily lui prêta de nouveau l'oreille, elle était en train de conclure :

– Et je crois donc que ce que nous devons faire maintenant, c'est téléphoner à tes parents et leur raconter ce qui s'est passé. Ils seront contents de savoir que tu vas bien. Ensuite je prendrai la voiture et j'irai à la ferme Gunderson voir si tout est en ordre. Tu as probablement laissé la porte ouverte et des gens pourraient entrer prendre des choses, tu sais. Et ensuite, nous ne pourrons rien faire d'autre qu'attendre.

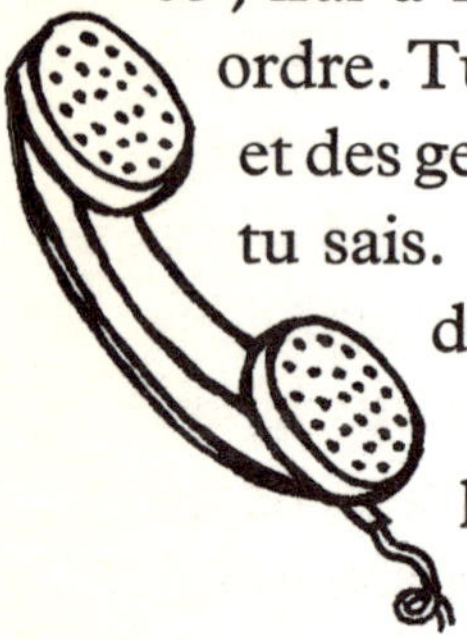

Mme Sipes s'approcha et s'assit sur le lit à côté d'Emily en lui passant le bras autour des épaules.

– Je suis désolée d'avoir été si dure avec toi, Emily, dit-elle gentiment. Je sais que tu es bouleversée à cause de ce qui est arrivé à ton amie. Mais la police a pris l'affaire en main. Elle va ratisser la forêt et je suis sûre qu'on va la retrouver.

« Ça m'étonnerait », pensa Emily, mais à nouveau elle ne dit rien. Si seulement Mme Sipes voulait bien prendre sa voiture pour aller à la ferme et la laisser seule ! Allez-vous-en, Mme Sipes, allez-vous-en !

Il fallut d'abord qu'Emily téléphone à ses parents. Il n'y eut pas moyen d'y échapper. Elles redescendirent toutes les trois au rez-de-chaussée et Emily les appela par l'interurbain. Ce fut Mme Pottinger qui répondit et Emily raconta une fois de plus que Mme Zimmermann avait disparu de la ferme Gunderson en pleine nuit et qu'elle s'était probablement perdue dans la forêt. Mme Pottinger était du genre à s'affoler facilement et, quand elle apprit la disparition de Mme Zimmermann, elle se mit dans tous ses états. Mais elle dit à Emily de ne pas s'inquiéter, que son père et elle allaient venir la chercher le plus vite possible, et elle demanda avec insistance qu'on la prévienne dès qu'il y aurait du nouveau pour Mme Zimmermann. Mme Sipes prit ensuite l'appareil et lui indiqua le trajet pour se rendre à la ferme. Puis Mme Pottinger reparla à Emily quelques minutes avant de raccrocher. Il y eut encore un peu d'agitation et Mme Sipes partit enfin pour la ferme Gunderson.

Debout près de la fenêtre, Emily vit sa voiture disparaître derrière une colline. À côté d'elle, Aggie regardait dans la même direction avec son air inquiet habituel.

– Qu'est-ce que tu vas faire, demanda-t-elle.

– Je vais tout de suite appeler Jonathan, l'oncle de Kévin. Si quelqu'un sait ce qu'il faut faire avec la vieille Mme Bigger, c'est bien lui !

Emily sentait l'excitation la gagner. Elle se voyait déjà affronter Gert Bigger, armée de sa formule magique.

Elle retourna dans l'entrée et décrocha le téléphone en regardant nerveusement autour d'elle pour s'assurer qu'aucun frère et sœur d'Aggie n'était dans les parages. Celle-ci était à côté d'elle et la fixait d'un air anxieux. Elle appela l'opératrice de l'interurbain et lui demanda :

– Je voudrais le 865 à New Zebedee, dans le Michigan, s'il vous plaît. C'est un appel en PCV pour M. Jonathan Barnavelt.

Emily et Aggie attendirent pendant que l'opératrice faisait sonner le téléphone de Jonathan. *Bzz, bzz, bzz*. Elle le laissa sonner huit fois et dit ensuite de cette voix chantante qu'Emily connaissait si bien :

– Je suis désolée, votre correspondant n'a pas l'air de répondre. Pouvez-vous rappeler plus tard ?

– Oui, dit Emily d'une voix sourde et désespérée, je rappellerai plus tard. Merci.

Elle raccrocha et s'assit sur le pouf qui était à côté de la table du téléphone.

– Zut ! s'écria-t-elle d'un air furieux. Zut de zut ! Qu'est-ce qu'on va bien pouvoir faire maintenant ?

– Peut-être qu'ils vont retrouver Mme Zimmermann dans la forêt, dit Aggie, pleine d'espoir.

Elle avait du mal à distinguer les mensonges d'Emily des véritables faits.

Emily se contenta de la regarder.

– On va encore essayer, marmonna-t-elle. Il va bien finir par rentrer chez lui.

Emily refit trois tentatives en dix minutes, toujours en vain. Au bout d'un moment, Mme Sipes revint, l'air radieux. Elle avait trouvé le sac de Mme Zimmermann sur la table de la cuisine d'Oley, avec son permis de conduire, les clés de sa voiture et des tas d'autres papiers, et elle était désormais convaincue qu'Emily lui avait bien dit la vérité. Emily était elle aussi contente, mais ce qu'elle désirait par-dessus tout, c'était que Mme Sipes ait à faire à l'autre bout de la ferme pour qu'elle puisse à nouveau appeler Jonathan !

Malheureusement, Mme Sipes ne quitta pas la maison de la journée. Emily se balança sur la balancelle de la véranda, joua au ballon avec Aggie et l'aida à nourrir les vaches et à donner leur pâtée aux cochons. Dès qu'elle n'avait rien à faire, Emily se rongeait les ongles. Pourquoi Mme Sipes ne partait-elle pas ? Il n'y avait qu'un seul téléphone dans la maison et, comme il était dans l'entrée, on ne pouvait pas l'utiliser en cachette. Mme Sipes n'était pas du genre à surveiller ce qu'allait dire Emily si elle téléphonait, mais que ferait-elle si elle passait par là et l'entendait demander à Jonathan une formule magique pour délivrer Mme Zimmermann des maléfices de Gert Bigger ? Non, il fallait qu'elle soit seule, Emily le

savait bien. Elle attendait donc une occasion, une occasion qui ne vint jamais.

En fin d'après-midi, alors qu'Emily et Aggie aidaient Mme Sipes à préparer le dîner, le téléphone sonna. C'était Mme Pottinger. Leur voiture était tombée en panne sur la route. Quelque chose s'était cassé – le différentiel, lui semblait-il. Ils n'arriveraient pas avant le lendemain matin. Avait-on des nouvelles de Mme Zimmermann ? Non, aucune. Mme Pottinger dit qu'elle était désolée de ce contretemps, mais qu'ils n'y pouvaient rien. Il fallait faire réparer la voiture.

Emily se sentit comme un condamné en sursis. Elle allait pouvoir encore essayer de joindre oncle Jonathan ! « Je vous en prie, oncle Jonathan, supplia-t-elle tout bas, soyez chez vous la prochaine fois ! S'il vous plaît, rentrez à la maison ! Je vous en supplie ! »

Emily passa la soirée à jouer au rami avec Aggie et plusieurs de ses frères et sœur et, en moins de deux, ce fut l'heure d'aller se coucher. Elle prit un bain, dont elle avait bien besoin, et enfila un pyjama propre qu'elle dénicha dans son sac de voyage. Mme Sipes le lui avait rapporté de la ferme. Quand elle fut prête, Mme Sipes lui dit qu'elle allait dormir sur le lit pliant qu'elle venait d'installer à côté de celui d'Aggie. La chambre de son amie était toute rose, pleine de volants et de fanfreluches, une vraie chambre de fille. Il y avait un grand ours en peluche sur un rocking-chair placé dans un angle, et une coiffeuse avec un miroir arrondi et des flacons de parfum. Aggie vivait à la campagne et était la plupart du temps en jean, mais elle avait l'air contente d'être une fille. Elle lui avait raconté qu'elle était impatiente d'aller au collège et d'avoir des rendez-vous, des soirées dansantes, et tout le tralala, et aussi qu'elle aimait bien des fois enlever son jean et ses bottes pleines de fumier pour aller danser le quadrille au Club des jeunes ruraux. Emily se demandait comment elle-même réagirait l'automne suivant. En attendant, elle avait d'autres soucis en tête.

Un peu plus tard cette nuit-là, allongée dans son lit sans dormir, Emily écoutait les bruits de la maison. Son cœur battait vite et elle se sentait nerveuse. Les Sipes et leurs enfants se mettaient au lit à 22 heures parce qu'ils devaient se réveiller à 6 heures du matin pour faire leur boulot. Personne n'échappait à la règle. Et pour une maisonnée de huit enfants, tout devint silencieux très rapidement. À 22 h 30, on aurait entendu voler une mouche dans l'entrée.

– Tu dors, Emily ? chuchota Aggie.

– Bien sûr que non, andouille. Je vais bientôt descendre et essayer d'appeler oncle Jonathan.

– Tu veux que j'aille avec toi ?

– Non, on risque de faire trop de bruit si on y va ensemble. Reste là et attends-moi.

– D'accord.

Quelques minutes s'écoulèrent. Quand elle fut absolument sûre que toute la maison dormait, Emily sortit de son lit et descendit l'escalier sur la pointe des pieds. Il y avait un placard près du téléphone dont le cordon était heureusement très long. Emily y entra avec l'appareil, referma la porte et s'accroupit sous les manteaux. En parlant le plus doucement possible, elle redemanda le numéro de Jonathan. L'opératrice le composa à nouveau et le laissa sonner dix, quinze, vingt fois. En vain. Il n'était pas là – et ne rentrerait probablement pas de la nuit.

Emily raccrocha et remit le téléphone sur la table. Puis elle remonta l'escalier sans faire de bruit et retourna dans la chambre d'Aggie.

– Alors ?

– Rien à faire, murmura Emily. Il a peut-être été chez sa sœur à Osee Five Hills. Il y va de temps en temps, et je ne connais pas son numéro. Je ne sais même pas comment elle s'appelle. Oh, zut, qu'est-ce qu'on va faire ?

– Je sais pas.

Emily se prit la tête dans les mains et essaya de réfléchir. Il fallait qu'elle trouve une idée. Il y avait sûrement un moyen, sûrement...

– Aggie ?

– Chut ! Pas si fort. Ma mère va nous entendre.

Emily se mit à chuchoter.

– D'accord. Excuse-moi. Dis-moi, Aggie, est-ce que Mme Bigger habite sur place ? Derrière son magasin, je veux dire, ou à l'étage ?

– Non. Elle habite à plus de trois kilomètres, dans une petite maison en retrait de la route. Pourquoi tu me demandes ça ?

– Aggie, dit Emily toute excitée en haussant involontairement le ton, tu ne veux pas venir m'aider à m'introduire dans le magasin de Mme Bigger ? Cette nuit !

Chapitre 10

Dès qu'Aggie comprit quel était le plan d'Emily, elle essaya de se défiler. Elle trouva un millier de raisons pour ne pas aller chez Mme Bigger cette nuit-là, ni une autre d'ailleurs. Elles allaient se faire prendre et être envoyées en maison de correction. La mère d'Aggie s'en apercevrait et les gronderait, et elle le dirait aux parents d'Emily. Gert Bigger serait peut-être là, cachée dans un placard, à les attendre. Le magasin serait si bien verrouillé qu'elles ne pourraient pas y entrer. Elles se feraient peut-être mordre par le petit chien noir. Et ainsi de suite. Mais Emily ne se laissa pas impressionner par les arguments d'Aggie. Elle ne la connaissait pas depuis longtemps mais avait tout de suite compris qu'elle était du genre inquiet, et les éternels inquiets croient toujours que des trucs affreux vont se produire. Ils voient le danger là où il n'y en a pas. Kévin était comme ça, sans cesse à se tracasser pour une chose ou une autre. Et Aggie se comportait exactement comme lui.

Pour Emily, tout semblait clair. Mme Bigger était une sorcière qui n'arrêtait pas de lire des livres de magie. Elle avait probablement un exemplaire du *Malus Machintruc*, ce livre qu'Emily devait trouver si elle voulait sauver Mme Zimmermann. Il ne pouvait être que chez elle ou au magasin, mais il y avait de grandes chances pour qu'elle le garde au magasin, vu qu'elle y passait beaucoup de temps et devait probablement lire quand elle ne servait pas de client. Et d'ailleurs, se dit Emily, elle avait trouvé là-bas ce pentacle magique glissé dans les pages du livre de comptes. Elle pourrait donc très bien y trouver autre chose. Emily ne se souciait pas des failles de son raisonnement. Elle ne voulait pas les voir. L'idée d'aller braver Gert Bigger dans son repaire l'enthousiasmait. Elle s'imaginait brandissant un grand livre où elle trouverait d'étranges et terrifiantes incantations, des paroles magiques qui mettraient Gert Bigger à genoux et ramèneraient

Mme Zimmermann de… du lieu où Gert Bigger l'avait envoyée. Il lui vint bien sûr à l'idée qu'elle avait peut-être utilisé ses sortilèges pour tuer Mme Zimmermann. « Eh bien, se dit Emily d'un ton résolu, je la forcerai à faire revenir Mme Zimmermann – à la faire revenir du monde des morts. Et si je n'y arrive pas, je lui ferai payer ce qu'elle a fait. » Une énorme colère enflait dans son esprit. Une colère justifiée. Elle détestait cette grande femme squelettique – sa méchanceté, ses ricanements, ses insultes, ses mensonges et ses sales combines. Elle allait lui régler son compte, et définitivement. Mais, en même temps, il fallait qu'elle persuade Aggie d'accepter son plan, ce qui n'était pas facile. Emily déballa tous ses arguments en s'efforçant de l'enjôler, mais Aggie était têtue – presque aussi têtue qu'Emily. Et elle l'était encore plus quand elle avait peur.

– Très bien, Aggie, dit Emily en croisant les bras et en regardant son amie d'un air furieux. Si c'est ce que tu décides, j'irai toute seule, c'est tout !

Aggie sembla décontenancée.

– Tu es sûre ? Vraiment ?

Emily opina de la tête d'un air résolu.

– Bien sûr. Essaie de m'en empêcher !

Aggie aurait très bien pu le faire et Emily le savait. Il suffisait qu'elle se mette à crier et Mme Sipes, qui avait le sommeil très léger, viendrait aussitôt dans leur chambre leur demander ce que voulait dire ce raffut. Mais Aggie ne cria pas. Elle avait terriblement envie de participer à cette aventure, tout en ayant très peur.

– Allez, Aggie, supplia Emily. Nous ne nous ferons pas prendre, je te le promets. Et si nous mettons la main sur le livre dont je t'ai parlé, nous pourrons vraiment régler son compte à cette vieille chouette. Ça te plairait, non ?

Le front d'Aggie se plissa. Ses sourcils prirent l'air si inquiet qu'ils se rejoignaient presque.

– Je sais pas, Emily. J'arrive pas à me décider. Tu es sûre que ce livre y est ?

– Évidemment que non, andouille. Mais nous ne risquons pas de le trouver si nous ne bougeons pas d'ici. Allez viens, Aggie, je t'en prie !

Aggie avait l'air hésitante.

– Mais comment on va faire pour entrer ? Les portes et les fenêtres seront toutes fermées à clé.

– On trouvera une solution quand on sera sur place. Peut-être qu'on cassera une vitre, ou un truc dans ce genre.

– Ça fera beaucoup de bruit, s'inquiéta Aggie. Et tu risques de te couper avec le verre.

– Alors on crochètera la serrure. Les gens le font tout le temps dans les films.

– Mais ce n'est pas un film ! C'est pour de vrai ! Tu sais crocheter une serrure ? Hein ? Tu sais le faire ? Je suis sûre que non.

Emily se sentit complètement exaspérée.

– Écoute, Aggie, dit-elle, si on va là-bas et qu'on n'arrive pas à entrer, on pourra toujours abandonner et revenir, non ? Et si on trouve le moyen d'entrer, tu ne seras même pas forcée de venir avec moi. Tu pourras rester dehors et faire le guet. Allez viens, Aggie. J'ai vraiment besoin de toi. On y va, d'accord ?

Aggie se gratta la tête d'un air indécis.

– Tu me promets que je ne serai pas forcée d'entrer avec toi ? Et que si on n'y arrive pas, on reviendra de suite ici ?

Emily tendit la main droite, la paume vers le bas.

– Je te le promets. Croix de bois, croix de fer, si je mens, je vais en enfer.

– Alors d'accord, dit Aggie. Attends, je vais chercher ma lampe de poche, on en aura besoin.

En faisant le moins de bruit possible, Emily et Aggie mirent leurs vêtements et enfilèrent leurs baskets. Aggie sortit de son placard une torche électrique et fouilla dans un tiroir de sa commode jusqu'à ce qu'elle y déniche un vieux couteau scout.

Il avait un manche de plastique noir tout ridé au bout duquel était incrustée une petite boussole. Elle ne savait pas vraiment pourquoi elle le prenait mais supposait qu'il pourrait peut-être leur rendre service.

Une fois prêtes, les deux amies s'approchèrent tout doucement de la porte de la chambre. Aggie l'entrouvrit précautionneusement et regarda dehors.

– C'est bon, chuchota-t-elle. Suis-moi.

Sans faire de bruit, elles longèrent le couloir et descendirent l'escalier. Elles traversèrent sur la pointe des pieds les pièces du rez-de-chaussée faiblement éclairées par la lueur de la lune. La porte donnant sur l'arrière de la maison était grande ouverte, simplement protégée par la moustiquaire, car la nuit était chaude. Elles sortirent en refermant doucement le cadre grillagé derrière elles.

– Super ! chuchota Emily. C'était vraiment facile !

Aggie sourit timidement.

– Oui. Je l'ai déjà fait. Avant, j'allais souvent la nuit avec mon frère attraper des grenouilles dans le ruisseau là-bas derrière. Mais une fois, ma mère nous a surpris et nous a donné une raclée. Depuis, je ne le fais plus. Viens !

Aggie et Emily suivirent une piste défoncée qui passait entre deux champs labourés. Elles escaladèrent une petite barrière et coururent sur l'herbe d'un sentier longeant la grand-route. Emily vit de suite qu'elles reprenaient le même chemin que la veille, quand Aggie l'avait trouvée en train de dormir à côté du champ de blé. Les blés étaient maintenant sur leur gauche, bruissant doucement dans la brise nocturne. Le ciel était constellé d'étoiles et les grillons chantaient dans les hautes herbes.

Quelques instants plus tard, les deux amies passèrent devant le lieu de leur rencontre. L'orme aux branches basses se dressait à côté du gros rocher plat. Elles avaient bavardé avec animation en chemin, mais elles parlaient maintenant de moins en moins. Elles n'étaient plus très loin du magasin de Gert Bigger.

Elles s'arrêtèrent au bord de la route pierreuse. L'épicerie était là, fermée pour la nuit. Une lampe insectifuge éclairait la porte d'entrée et l'on pouvait voir par la vitrine une veilleuse allumée au fond de la salle. La pancarte où bondissait le cheval rouge grinçait doucement dans le vent et les deux pompes à essence ressemblaient à des sentinelles montant la garde.

– Nous y voilà, murmura Aggie.

– Oui, dit Emily.

Elle avait l'estomac noué. Peut-être son plan était-il nul en fin de compte ! Elle avait bien envie de demander à Aggie si elle ne voulait pas rebrousser chemin, mais elle rassembla tout son courage et traversa la route. Aggie la suivit, jetant autour d'elle des coups d'œil inquiets.

– Tout a l'air normal, dit Aggie à voix basse. D'habitude, sa voiture est toujours garée ici quand elle est là. Elle est rentrée chez elle.

– Bon ! On commence par la porte de devant ?

– Tu peux essayer si tu veux, mais je suis sûre qu'elle est verrouillée.

Emily monta rapidement les marches et secoua la porte. Elle était fermée à clé. Bien fermée. Elle haussa les épaules et redescendit l'escalier.

– Allez viens, Aggie. On ne peut pas passer par là, mais on va faire le tour. Il fait si chaud cette nuit qu'elle a peut-être laissé une fenêtre ouverte. On va bien voir.

Emily sentit son courage lui revenir et son optimisme habituel reprit le dessus. Tout allait très bien se passer. Elles trouveraient sûrement le moyen d'entrer.

Ce regain d'enthousiasme fut apparemment contagieux car Aggie s'anima et eut l'air plus confiante.

– Tu as raison, d'accord, allons voir !

En longeant la maison, elles entendirent un bruit. C'était le gloussement de la poule blanche ébouriffée qui avait l'air encore plus maigre et efflanquée que la veille. « Mme Bigger ne doit rien lui donner à manger », pensa Emily.

La pauvre poule semblait très excitée, comme la fois précédente. Elle courait de long en large derrière le grillage en gloussant et en battant des ailes.

– Eh, calme-toi ! chuchota Emily. On va pas te trancher la tête, n'aie pas peur !

Les deux amies commencèrent à inspecter les fenêtres du côté de la maison. Celles du rez-de-chaussée étaient toutes fermées et probablement verrouillées. Emily grimpa sur une caisse pour s'en assurer et essaya d'en pousser une qui ne bougea pas d'un pouce.

– Zut, j'en ai marre ! grogna-t-elle en redescendant par terre.

– Tu vas pas renoncer, quand même ! On ne les a pas toutes… Oh ! Attention !

Emily se retourna juste à temps pour voir passer une voiture dont les phares balayèrent le mur avant de disparaître. Un conducteur attentif aurait pu apercevoir deux silhouettes le long du magasin mais celui-ci n'avait visiblement rien remarqué. Emily se sentit exposée aux regards, un peu comme dans un aquarium, et prit conscience du danger de la situation.

– Viens, dit-elle en tirant nerveusement le bras d'Aggie. On va voir l'arrière de la maison.

Elles contournèrent le magasin. La petite poule blanche, qui n'avait cessé de glousser depuis leur arrivée, continua à s'agiter jusqu'à ce qu'elles aient passé l'angle du mur. Emily fut soulagée de ne plus l'entendre. Elle commençait à lui taper sur les nerfs.

Elles essayèrent d'ouvrir la porte de derrière qui était elle aussi fermée à clé. En reculant pour examiner l'arrière de la maison, elles virent que les fenêtres du rez-de-chaussée étaient protégées par de grosses grilles en fer forgé. C'étaient sans doute celles de la réserve où les marchandises étaient entreposées. Mais il y avait une fenêtre au premier étage et – Emily recula encore pour s'en assurer – oui, elle était ouverte ! Pas grande ouverte, mais quand même entrebâillée.

– Super ! dit Emily en la montrant du doigt. Tu as vu !

Aggie la regarda d'un air dubitatif.

– Oui, bien sûr, mais tu ne pourras jamais passer par une fente si étroite !

– Mais réfléchis un peu, Aggie ! Cette fenêtre n'est pas fermée et, si je grimpe là-haut, je pourrai l'ouvrir.

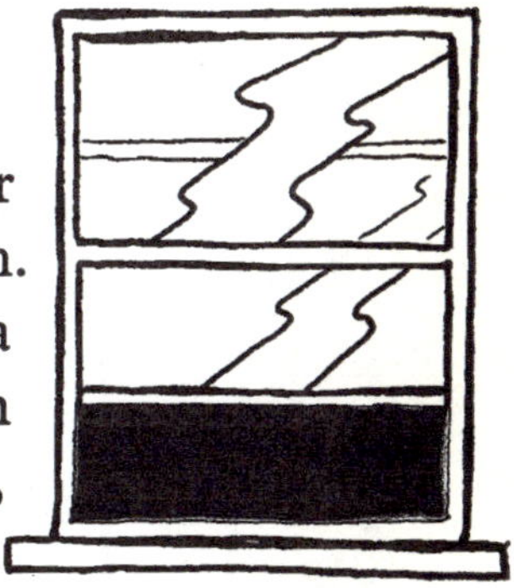

– Et comment tu vas faire ?

Emily regarda autour d'elle.

– Je ne sais pas encore. On va voir s'il n'y a pas une échelle dans le coin.

Emily et Aggie fouillèrent dans la cour derrière le magasin sans rien trouver. Il y avait bien une remise, mais elle était fermée par un cadenas. Emily revint sous la fenêtre et la regarda intensément en se frottant le menton.

Un arbre se dressait près du mur, un pommier dont l'une des branches touchait presque la fenêtre. Mais Emily était une grimpeuse expérimentée. Elle savait que la branche se mettrait à ployer dès qu'elle monterait dessus et serait finalement beaucoup trop basse. Ce n'était donc pas la solution. Fixé au mur de la maison, il y avait un treillis qui arrivait presque au niveau de la fenêtre. Si elle parvenait à s'y agripper, elle pourrait peut-être grimper jusqu'au rebord et se hisser dessus. Cela valait la peine d'essayer.

Emily prit une profonde inspiration et fit jouer les articulations de ses mains. Elle s'approcha du treillis qui était recouvert d'une végétation épineuse

laissant heureusement, ça et là, des endroits où poser les mains. Emily mit un pied sur une latte, une main sur une autre, puis leva le second pour voir ce qui se passait quand elle ne touchait plus le sol. Des clous s'arrachèrent et le treillis s'écarta un peu du mur.

– Ça ne va pas marcher, dit Aggie en grimaçant d'inquiétude. Si tu continues comme ça, tu vas te casser la figure.

Emily ne dit rien. Le treillis tenait encore au mur, et elle monta un pied, une main, puis l'autre pied. Avec de grands craquements et des bruissements de feuillages, le treillis s'inclina fortement en se décollant du mur. Des clous et des éclats de bois tombèrent par terre. Emily sauta en évitant les débris et retomba sur ses pieds. Aggie lâcha son couteau en poussant un cri et courut vers Emily qui suçait une écorchure qu'elle s'était faite au pouce et regardait le treillis arraché d'un œil noir.

– Saleté d'épines ! grogna Emily.

– Elle va être furieuse, Mme Bigger, quand elle va voir ça ! s'exclama Aggie.

Emily n'écoutait pas. Elle se demandait si elle ne pourrait pas plutôt escalader le côté de la bâtisse. Le premier étage n'était pas très haut et les bandes de bardeaux blancs semblaient pouvoir lui donner une prise. Elle essaya, glissa, fit une autre tentative qui échoua elle aussi. Essoufflée et le visage cramoisi, elle se mit à vraiment douter de l'efficacité de son plan.

– On n'a plus qu'à rentrer chez toi, dit-elle avec dépit.

Elle sentait les larmes lui monter aux yeux.

– Tu renonces déjà ? protesta Aggie. On n'a même pas regardé l'autre côté du magasin !

Emily tressaillit et regarda son amie. Elle avait raison ! En se concentrant sur le problème de cette fenêtre, elle avait complètement oublié l'autre côté du bâtiment, celui qu'elles n'avaient pas encore vu. Une vague d'espoir et d'optimisme la submergea de nouveau.

– Mais c'est vrai ! Allons-y ! s'écria-t-elle avec un grand sourire.

De l'autre côté de la maison, d'épais buissons poussaient le long du mur, mais il y avait sous les

arbustes un petit tunnel où l'on pouvait se faufiler si l'on se baissait un peu. Emily et Aggie s'accroupirent et s'y engagèrent lentement. En levant les yeux, elles virent que les fenêtres étaient grillagées et cadenassées comme celles de l'arrière du magasin. Mais en bas du mur, au niveau du sol, il y avait un accès à la cave, une descente recouverte de deux panneaux de bois inclinés. Aggie les éclaira avec la lampe de poche et vit deux attaches métalliques là où ils se rejoignaient, deux attaches apparemment prévues pour un cadenas. Mais il n'y en avait pas. La cave était ouverte.

Emily saisit prudemment la poignée d'un des lourds panneaux de bois. Elle le souleva et une odeur de terre et de moisissure remonta vers ses narines, comme un souffle d'outre-tombe. Elle frissonna et recula, lâchant le panneau qui retomba bruyamment.

Aggie lui jeta un regard effrayé.

– Qu'est-ce qu'il y a, Emily ? Tu as vu quelque chose ?

Emily se passa la main sur le front. Elle avait la tête qui tournait.

– Je... non, je n'ai rien vu, Aggie, j'ai seulement... seulement eu peur. Je ne sais pas pourquoi, mais j'ai eu peur. Je crois que c'est simplement parce que je suis froussarde, c'est tout.

– C'est drôle, non ? dit Aggie d'un air songeur en regardant fixement les panneaux. Tous ces barreaux, tous ces verrous partout, et elle laisse cet accès ouvert. Je trouve ça bizarre.

– Ouais... Elle a sûrement pensé que personne ne viendrait fouiller sous ces buissons.

Son explication n'était pas très convaincante, mais Emily n'en voyait pas d'autre. Que cette entrée ne soit pas fermée lui semblait également très étrange, et elle ne trouvait rien qui puisse le justifier.

Soudain, elle eut une idée. Peut-être y avait-il plus loin une autre porte qui, elle, était verrouillée ? Elle souleva à nouveau le panneau et l'ouvrit complètement. Puis elle leva aussi le second battant, prit la lampe de poche d'Aggie et descendit les marches. Au pied du petit escalier de pierre, elle trouva une porte noire avec une vitre poussiéreuse pleine de toiles d'araignées. Elle posa la main sur le bouton de porcelaine qu'elle trouva étonnamment froid, puis le tourna et le poussa prudemment. Elle crut tout d'abord que la porte était effectivement fermée à clé, mais en appuyant plus fort, elle s'ouvrit dans un grand bruit de ferraille qui résonna lugubrement.

À l'intérieur de la cave, il faisait noir comme dans un four. Emily promena le faisceau de sa lampe autour d'elle et vit de vagues formes dans l'obscurité.

– Ça va ? lui demanda Aggie d'un ton inquiet.

– Euh... oui, je crois. Écoute, Aggie. Tu vas rester là-haut et faire le guet pendant que je vais jeter un œil là-dedans.

– Ne reste pas trop longtemps !

– Ne t'inquiète pas, je vais faire vite. À tout à l'heure !

– D'accord.

Emily se retourna et leva la torche. Aggie était là, les sourcils froncés et l'air anxieux, lui faisant un petit signe de la main. Emily avala sa salive. Puis elle pensa à Mme Zimmermann, fit demi-tour et entra.

Elle traversa la cave dallée de pierre, lançant des coups d'œil inquiets de tous les côtés. Dans un coin se dressait une chaudière qui, avec ses bras métalliques, avait l'air d'une sorte de monstre. Il y avait aussi un congélateur qui ressemblait à un cercueil. Elle eut un rire nerveux. Pourquoi tous ces objets lui paraissaient-ils si effrayants ? C'était un sous-sol parfaitement ordinaire. Il n'y avait pas de fantômes ni de monstres ici. Elle continua à avancer.

Tout au fond, elle trouva un escalier de bois menant au rez-de-chaussée. Elle le monta lentement, les marches craquant bruyamment sous ses pieds. En haut, il y avait une porte. Emily l'ouvrit et passa la tête. Elle donnait dans le magasin.

De longues rangées de marchandises étaient empilées dans l'obscurité. Des conserves, des bouteilles, des bocaux et des boîtes, faiblement éclairés par la petite veilleuse allumée au-dessus de la caisse. Devant la grande vitrine, une voiture passa. Emily entendait le lent tic-tac d'une pendule, sans la voir. Elle traversa le magasin et ouvrit une porte. Un escalier montait au premier. Elle commença à le grimper.

Sur le palier, Emily vit quelque chose qui la fit s'arrêter : un cadre était suspendu, tourné contre le mur. Curieuse, elle tendit la main et le retourna. Le tableau représentait un saint avec une auréole qui étreignait une croix et lançait vers le ciel un regard extasié. Emily remit précipitamment le cadre face au mur. Un violent frisson parcourut son corps. Pourquoi se sentait-elle si effrayée ? Elle n'en savait rien. Elle attendit d'avoir retrouvé son calme pour monter les dernières marches.

En haut de l'escalier, à mi-chemin d'un couloir en forme de L, il y avait une porte d'où dépassait une clé. Elle la tourna et la porte s'ouvrit. Emily promena sa lampe autour d'elle et vit qu'elle était dans une petite chambre.

Il y avait un interrupteur près de la porte. Emily avança la main pour l'allumer, puis s'immobilisa. C'était peut-être une mauvaise idée ? Elle jeta un coup d'œil vers l'unique fenêtre de la chambre, celle qu'elle avait essayé d'atteindre en grimpant au treillis. Elle donnait sur la masse sombre des arbres qui se dressaient derrière le magasin. Gert Bigger était à des kilomètres de là. Si j'allume l'électricité, pensa Emily, les gens croiront simplement que c'est la vieille Gertie qui est là-haut en train de compter ses sous. Elle actionna l'interrupteur et regarda autour d'elle.

C'était une chambre très ordinaire. Le seul truc bizarre, c'était qu'elle avait l'air habitée, mais Emily se dit que Gert Bigger devait sans doute y vivre l'hiver ou y passer la nuit quand le temps était trop mauvais pour rentrer chez elle. Il y avait dans un angle un petit lit de fer peint en vert, dont les barreaux étaient décorés de bouquets de fleurs rehaussés de rose. À côté, dans un placard sans porte, des vêtements féminins pendaient d'une tringle, et des bas étaient jetés en boule par terre à côté d'une paire de chaussures noires. Sur une étagère, on avait plié quelque chose qui ressemblait à une couverture. Rien d'extraordinaire jusque-là.

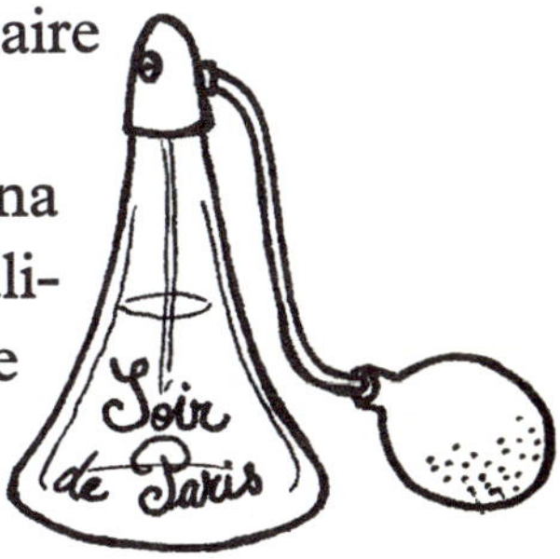

Emily traversa la pièce et examina la coiffeuse. Devant le miroir était alignée toute une série de flacons et de pots, ainsi qu'une grande bouteille bleue d'un parfum nommé *Soir de Paris*. Sur le napperon blanc traînaient des pinces à épiler, des peignes, des brosses et des papillotes auxquels étaient restées accrochées de petites mèches de cheveux bruns. Il y avait aussi une boîte de Kleenex.

Emily se retourna et jeta un long regard circulaire. Voyait-elle autre chose ? Oui. Sur une table basse près du lit était posé un gros livre. Un grand livre épais recouvert de cuir brun. La tranche de ses pages était dorée, de même que les petits motifs tarabiscotés qui ornaient son dos et sa couverture. Un marque-page rouge tout usé en dépassait.

Le cœur d'Emily se mit à battre très fort. Elle avait la gorge sèche. Est-ce que c'était lui ? Elle s'approcha et souleva l'épaisse couverture. Son visage s'assombrit. Ce n'était pas celui qu'elle cherchait, mais une *Encyclopédie des antiquités juives* du révérend Merriwether Burchard, docteur en théologie. Dommage ! Emily se mit malgré tout à le feuilleter.

Les pages étaient imprimées sur deux colonnes, en minuscules caractères noirs, et ornées de nombreuses gravures sombres et mystérieuses. D'après leurs légendes, elles représentaient le temple de Salomon, l'arche d'alliance, le chandelier à sept branches, et tout ce genre de choses. Emily avait déjà vu des images de ce genre dans la bible familiale de sa grand-mère. Elle bâilla. Ce livre ne l'intéressait pas. Elle regarda autour d'elle et soupira. Cette chambre ne ressemblait vraiment pas à l'antre d'une sorcière. Peut-être s'était-elle trompée sur Gert Bigger ? La mort dans l'âme, Emily réalisa que toutes ses théories étaient fondées sur de simples hypothèses. La vieille femme avait une photo de Mordecai Hunks accrochée au mur, c'est vrai, mais qu'est-ce que ça prouvait ? Comme pour celle que Mme Zimmermann avait trouvée, c'était sans doute une simple coïncidence. Quant au dessin du pentacle et à ses étranges lectures, eh bien, elle faisait peut-être seulement partie de ces femmes qui auraient voulu être sorcière. Mme Zimmermann avait un jour raconté à Emily que des tas de gens rêvaient d'acquérir des pouvoirs magiques, même s'il n'y avait pas une chance sur un million qu'ils y parviennent. Ils lisaient des livres de magie dans l'espoir de devenir magiciens, c'est tout.

Emily commençait à se demander si elle ne s'était pas lourdement trompée. Des incidents étranges leur étaient arrivés, à elle et à Mme Zimmermann, mais rien ne disait que c'était la vieille Mme Bigger qui les avaient provoqués. Elle ramassa la lampe de poche qu'elle avait posée sur le lit et allait redescendre au rez-de-chaussée quand elle entendit un bruit. Un petit grattement contre la porte.

Emily sentit ses cheveux se dresser sur sa tête, puis elle se rappela quelque chose qui la fit rire. Mme Bigger avait un chien. Un petit chien noir.

Elle l'avait probablement enfermé dans le magasin pour la nuit.

Avec un soupir de soulagement, Emily ouvrit la porte. C'était bien le chien. Il trottina dans la pièce et sauta sur le lit. Emily sourit et allait passer le seuil lorsqu'elle s'immobilisa. Le chien venait de faire un bruit très bizarre. Un bruit qui ressemblait beaucoup au toussotement d'un être humain. Les animaux émettent parfois des sons proches de ceux des hommes. Les miaulements des chats, par exemple, ressemblent aux vagissements des bébés. Emily le savait, mais ce bruit la figea sur place. Glacée d'épouvante, elle se retourna lentement. Gert Bigger était assise sur le lit. Un pli dur et cruel tordait sa bouche dans un sourire démoniaque.

Chapitre 11

Emily était allongée dans le noir. À la légère pression qu'elle sentait sur ses yeux, elle comprit que quelque chose les recouvrait. Elle ignorait ce que c'était et ne pouvait pas l'enlever. Elle savait que ses mains étaient croisées sur sa poitrine, mais il lui était impossible de les bouger. Elle ne pouvait pas remuer ni prononcer un mot, mais elle entendait et avait des sensations. Une mouche – elle avait bien l'impression que c'était une mouche – se posa sur son front et descendit le long de son nez avant de s'envoler.

Où était-elle ? Probablement dans la chambre au-dessus du magasin de Gert Bigger. Elle avait en tout cas l'impression d'être allongée sur un lit. Et une grosse couverture, ou quelque chose de ce genre, recouvrait son corps jusqu'au cou. Il faisait très chaud dans la chambre silencieuse, et de minuscules rigoles de transpiration ruisselaient sur sa peau. Pourquoi ne pouvait-elle pas bouger ? Elle était paralysée ou quoi ? C'est alors que lui revint, comme un horrible cauchemar, la terreur qu'elle avait ressentie en voyant Gert Bigger, assise sur le lit, la regarder si méchamment. Elle avait dû s'évanouir sur-le-champ, parce qu'elle ne se rappelait plus rien de ce qui s'était passé ensuite.

Emily entendit une serrure cliqueter et une porte s'ouvrit en grinçant. Des pas pesants traversèrent la pièce et s'arrêtèrent tout près de sa tête. Une chaise craqua.

– Alors, comment allez-vous, mademoiselle Fourre-Son-Nez-Partout ? Hein ? On ne veut pas me parler ? Ce n'est pas gentil. Pourtant c'est moi qui devrait me sentir offensée ! C'est chez moi qu'on est entré par effraction et qu'on a fouillé partout ! Tu voulais savoir si j'étais une sorcière ? Eh bien, rassure-toi. J'en suis une.

Gert Bigger éclata de rire, et ce n'était pas le genre de rire qu'on attend d'une grande femme solidement charpentée comme elle. C'était un petit rire métallique haut perché, un rire qui avait vraiment l'air d'appartenir à une folle.

– Eh oui ! continua Gert Bigger. Tout a commencé quand ce vieux fou de Gunderson a débarqué ici un soir. Il était à moitié bourré et s'est mis à me parler de cet anneau magique qu'il avait trouvé en bêchant. Au début, j'ai cru qu'il plaisantait, mais en y repensant, je me suis dit : « Et si c'était vrai ? » En fait, j'ai toujours rêvé de pratiquer la magie et j'ai beaucoup étudié ce genre de choses. Alors quand le vieil Oley a passé l'arme à gauche, je suis allée chez lui et j'ai fouillé toute la maison jusqu'à ce que je trouve ce maudit anneau. Il est à mon doigt maintenant. As-tu lu ce qu'en dit notre ami Burchard dans le livre qui est sur cette table ? Tout est vrai, tu sais, jusqu'au moindre mot. Tiens, je vais te le lire.

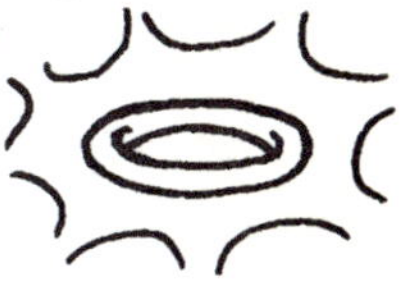

Emily entendit le bruit de doigts feuilletant les pages d'un livre.

– Voilà, c'est là où j'avais laissé le marque-page. Tu aurais dû le voir quand tu farfouillais partout, mais les fouineuses de ton espèce ne voient généralement pas ce qui est juste sous leur nez.

Elle eut un nouveau petit rire haut perché.

– Tu es prête ? Voilà : « Aucun exposé sur les antiquités juives ne peut être complet sans mentionner le légendaire anneau du roi Salomon. Selon le grand historien Flavius Josèphe, le roi Salomon possédait un anneau magique qui lui permettait de faire toutes sortes de merveilles en sorcellerie et en divination. Grâce à lui, il pouvait se déplacer d'un endroit à l'autre sans être vu. Il pouvait humilier ses ennemis en les changeant en animaux – comme le roi des Hittites qu'il métamorphosa en bœuf. Il pouvait lui-même se transformer quand il le voulait, et l'on dit que son aspect favori était celui d'un petit chien noir qui rôdait partout pour espionner ses ennemis et découvrir leurs secrets. Mais le plus grand pouvoir de l'anneau était celui que Salomon, le plus sage d'entre les hommes, décida de ne jamais utiliser : à celui qui le portait, l'anneau pouvait donner longévité et beauté. Il fallait pour cela invoquer le démon Asmodai et Salomon s'y refusa. Car, disent les Écritures, celui qui partage la table des démons... »

Le livre se referma en claquant.

– Ça suffit comme ça, révérend, marmonna Gert Bigger. Alors, mademoiselle Fourre-Son-Nez-Partout, tu ne trouves pas ça intéressant ? Tu es arrivée au bon moment, vraiment. Quand je t'ai surprise en train de fouiller dans le bureau au fond du magasin, j'allais te faire un truc et on m'a dérangée. Mais ensuite je me suis dit : « Elle reviendra ! » Et tu es revenue, bien sûr, tu es revenue !

Gert Bigger éclata d'un rire strident.

– J'ai enlevé le cadenas de l'accès de la cave, et tu es entrée sans hésiter, folle que tu es ! Eh bien, tu vas comprendre ce qui se passe quand on embête une sorcière. Florence le sait maintenant, et je n'en ai pas encore fini avec elle. Le meilleur reste à faire !

Elle s'interrompit et fit un petit crachotement désagréable.

– Pffft ! Je savais bien, je savais bien ce qu'elle mijotait lorsqu'elle a débarqué ici en prétendant être en panne d'essence ! J'étais au courant de tous ses micmacs avec la magie, de son diplôme universitaire, etc., et je me suis dit : « Elle cherche l'anneau ! » Alors je me suis vraiment fait du souci car je ne savais pas bien m'en servir, sauf pour le coup du chien noir. Et quand vous êtes parties vers le nord, je me suis entraînée. J'ai envoyé cette photographie là-bas, et c'est moi que tu as entrevue dans la chambre de Florence, et ensuite sur le siège arrière de la voiture. Ça t'a fichu une sacrée trouille, non ?

Elle éclata d'un rire aigu. Puis, après une autre pause, elle continua sur un ton plus dur.

– Bon, c'est bien beau de s'amuser, mais j'en ai assez maintenant. J'ai attrapé Florence et je vais lui régler son compte, pour qu'elle ne puisse plus jamais me prendre l'anneau, plus jamais ! C'est vrai, ajouta-t-elle, que j'ai une dent contre elle parce qu'elle m'a gâché la vie. Si moi et Mordy, on s'était mariés, j'aurais été plus heureuse. Le vieil imbécile que j'ai épousé me battait tout le temps. Tu ne peux pas savoir ce que c'est, tu ne peux même pas l'imaginer.

La voix de Gert Bigger s'étrangla. Est-ce qu'elle pleurait ? Emily n'aurait pu le dire.

La vieille femme continua à discourir sur le même ton vindicatif et furieux, en expliquant à Emily qu'elle lui avait jeté un sort qui allait la tuer. Dès que l'aube pointerait, elle mourrait. On retrouverait son corps sur place, avec tout l'attirail de magie de Gert Bigger. Mais Gert Bigger serait partie. Et, en fait, Gert Bigger n'existerait plus, car elle se serait transformée en une belle jeune femme. Elle avait tout calculé : elle allait partir dans une autre région et changer de nom. Elle avait retiré tout son argent de la banque – il était dans le coffre au rez-de-chaussée. Avec une nouvelle identité et une nouvelle vie, elle pourrait se consoler de toutes les horreurs qu'elle avait vécues. Et avant de partir, elle réglerait ses comptes avec Florence Zimmermann, une fois pour toutes.

Quand elle eut fini de parler, Gert Bigger quitta la pièce et referma la porte à clé. Emily scrutait désespérément l'obscurité. Elle pensait à Aggie. Aggie était son seul espoir. Emily n'avait aucune idée du temps qui s'était écoulé depuis qu'elle avait laissé Aggie à l'entrée de la cave. Elle espérait que Gert Bigger ne l'avait pas capturée elle aussi. Emily priait, même si sa bouche était fermée et si aucun son n'en sortait. « Je vous en prie, mon Dieu, aidez Aggie à me sauver. Faites qu'elle puisse trouver de l'aide avant qu'il ne soit trop tard. Je vous en supplie, mon Dieu... »

Un long moment passa. Du moins un moment qui lui sembla long, puisqu'elle n'avait aucun moyen d'en connaître la durée. La montre qui était à son poignet – elle entendait son tic-tac – ne lui servait à rien. Comment saurait-elle que l'aube allait pointer ? Elle le saurait quand il serait trop tard. *Tic tac tic tac*. Le corps d'Emily s'engourdissait. Elle ne sentait plus ses mains sur sa poitrine. Elle eut une affreuse vision de sa tête tranchée reposant sur un oreiller. C'était une image si horrible qu'elle lutta de toutes ses forces pour la repousser, mais elle ne cessait de revenir. « Je vous en prie, mon

Dieu, envoyez-moi Aggie, faites que quelqu'un me vienne en aide. » *Tic tac tic tac…*

Drr-rrr-rrring. On sonnait à la porte. On sonna plusieurs fois, et Emily entendit ensuite le tintement assourdi du carillon de l'entrée. Puis tout retomba dans le silence – si des gens parlaient, elle ne pouvait pas les entendre. Un long moment passa. Puis elle entendit le cliquètement de la serrure de la chambre, un bruit de pas, et le craquement de la chaise sur laquelle quelqu'un s'asseyait pesamment.

– Mon Dieu, il faut vraiment de tout pour faire un monde ! dit Gert Bigger. À qui crois-tu que je viens de parler ? Devine. Tu donnes ta langue au chat ? À Mme Sipes, qui n'habite pas très loin d'ici. Elle est venue avec sa fille… Aggie, je crois bien qu'elle s'appelle comme ça. Elles étaient dans tous leurs états parce qu'Aggie prétend que je t'ai kidnappée. Tu t'imagines !

Gert Bigger eut un petit rire nerveux.

– Elles ont même amené un flic avec elles pour fouiller les lieux. Mais je ne l'ai pas laissé entrer ! Il n'avait pas de mandat de perquisition. Je connais mes droits, que je lui ai dit, et vous ne pouvez pas entrer, et non, non, je n'ai vu aucune petite fille ! Tu te rends compte ! Quel culot de venir ici comme ça !

Gert Bigger se remit à rire. Elle devait se balancer en riant car sa chaise n'arrêtait pas de craquer. La minuscule lueur d'espoir qui s'était allumée dans la tête d'Emily s'éteignit. Elle allait mourir, et personne n'y pouvait rien.

Gert Bigger quitta la pièce et il y eut un autre long silence. Emily entendait toutes sortes de petits bruits sans comprendre ce que c'était. Finalement la porte s'ouvrit une nouvelle fois en grinçant et Emily entendit Gert Bigger marcher dans la pièce. Elle chantonnait et il y eut un bruit de tiroirs qui s'ouvrent et se referment. Elle faisait ses bagages et s'apprêtait à partir. Au bout d'un bon moment, Emily entendit les fermetures d'une valise claquer. Gert Bigger revint vers la tête du lit et se rassit.

– Ça va ? Hein ? Tu sens quelque chose ? L'effet se produit graduellement, d'après ce qu'ils disent. Tout se terminera à l'aube, il y en a encore pour un bout de temps. Bon, je suis prête à partir. Je ne me suis pas occupée de Florence, mais je vais le faire en sortant. Je veux qu'elle me voie une fois que je me serai transformée. Et tu sais quoi ? Comme tu as été bien sage et bien tranquille, je vais te laisser regarder ma petite métamorphose. Euh… bien sûr, je plaisante, puisque tu ne peux pas me voir ! Il faudrait que j'enlève ces trucs qui sont sur tes yeux, et ça romprait le charme. Et ce n'est pas ce que nous voulons, n'est-ce pas ? Pas du tout. Mais je vais te dire comment je m'y prends. Je vais rester assise sur cette chaise pour invoquer ce vieil Asmodai, et tu pourras entendre sa voix. Voyons, comment est-ce déjà ? Qu'est-ce que je dois faire ? Ah oui…

Gert Bigger tapa trois fois dans ses mains et dit d'une voix forte et impérieuse :

– Qu'on m'envoie Asmodai ! De suite !

Au début, il ne se passa rien. Puis, lentement, Emily commença à sentir une présence malfaisante. Elle le sentit dans son corps, qui eut soudain très froid. Elle avait la chair de poule. L'air s'épaissit et il devint difficile de respirer. Une voix dure murmura dans l'obscurité :

– QUI APPELLE ASMODAI ?

– C'est moi. Je porte l'anneau du roi Salomon et je veux me métamorphoser, être jeune et belle, et vivre mille ans.

Elle ajouta aussitôt :

– Et je ne veux pas vieillir. Je veux rester la même pendant tout ce temps.

– QU'IL EN SOIT AINSI, dit le murmure.

À peine la voix s'était-elle tue qu'Emily entendit un petit bruit. Comme si quelqu'un avait laissé tomber une pièce de monnaie par terre. Puis une sorte de mugissement de tempête résonna dans la chambre. La pièce vibra, comme si le sol tremblait sous la maison. Emily entendit une série de cliquetis et d'entrechoquements. Le lit fut secoué et ce qui était sur ses yeux glissa. Elle s'assit et, en secouant faiblement la tête, regarda autour d'elle. Où étaient ses lunettes ? Qu'en avait fait Gert Bigger ? Elle tâtonna sur la table de nuit et les trouva. Elle les mit sur son nez et jeta un rapide coup d'œil circulaire. Gert Bigger n'était plus là. Elle ne l'avait pas entendue sortir, et la clé était sur la porte, à l'intérieur de la pièce. À côté d'elle, sur le lit, Emily aperçut deux dollars en argent. C'était sûrement eux qui recouvraient ses yeux. Et elle vit qu'elle avait sur elle une lourde couverture noire en laine bordée de blanc, avec une grande croix blanche au milieu. Elle savait ce que c'était. Elle avait assisté à un enterrement à l'église catholique de New Zebedee et avait vu la même sur le cercueil. D'une forte secousse, elle la repoussa loin d'elle et s'assit au bord du lit.

Elle ne se sentait pas bien. Un peu comme si elle était restée couchée avec la grippe pendant quinze jours. Elle essaya de se mettre debout, mais dut se rasseoir aussitôt. Son visage ruisselait de sueur. Elle parcourut la pièce d'un regard hébété, en se demandant ce qui était arrivé à Gert Bigger. Sans doute

son vœu avait-il été exaucé et se trouvait-elle maintenant à Hollywood en train de mener la grande vie avec des stars. Emily n'avait aucun moyen de le savoir et elle s'en moquait. Elle avait la tête qui tournait, et tremblait de tout son corps. Son esprit était complètement vide. Finalement, avec un terrible effort, elle se força à se mettre debout. Elle se rappelait maintenant quelque chose, quelque chose qui l'avait intriguée. Ce bruit, comme une pièce qui tombe par terre. Qu'est-ce que c'était ? Emily se mit à quatre pattes et regarda sous le lit. À cet instant, elle entendit au rez-de-chaussée un boucan épouvantable. On frappait violemment à la porte, on appuyait sans arrêt sur la sonnette, et une voix cria dehors :

– Ouvrez ! Ouvrez au nom de la loi !

Ils étaient revenus ! Aggie, sa maman et les policiers ! Emily lança un coup d'œil vers la porte. Et si Gert Bigger avait laissé son anneau ? Ce serait formidable de courir à la rencontre d'Aggie avec l'anneau du roi Salomon à la main ! Emily se baissa et tâtonna dans la poussière sous le lit. Le voilà ! Elle tendit le bras, le crocheta avec un doigt, le tira vers elle et le prit dans la main.

Il se produisit alors quelque chose. Un frisson parcourut son corps et elle se sentit… comment dire, bizarre. Une vague d'orgueil, d'amertume et de colère la submergea – de colère contre ceux qui venaient la ramener vers son ancienne vie.

– Madame Bigger, hurla une voix tonitruante, nous comptons jusqu'à dix et nous enfonçons la porte ! Un… deux…

Emily se leva et regarda la porte d'un air féroce. L'expression de son visage était si haineuse qu'on la reconnaissait à peine. Une lueur de folie brillait dans ses yeux. Ainsi, ils venaient la chercher ! Eh bien, qu'ils essaient de l'attraper ! Elle se précipita vers la porte et tourna la clé. La bague toujours bien serrée dans le poing, elle partit comme une flèche le long du couloir. Tout au fond, par une porte entrebâillée, elle vit un escalier qui descendait au rez-de-chaussée. Ce n'était pas celui par lequel elle était montée, mais un autre, qui donnait sur l'arrière de la maison. Emily le descendit quatre à quatre.

– Six… sept…

En bas des marches, elle trouva une porte avec une chaîne fermée par un verrou. Sans que l'anneau ne quitte un seul instant sa main et, à toute allure, elle ouvrit le verrou, enleva la chaîne et tourna la poignée.

– Dix !

Il y eut un grand fracas et une rumeur de voix qui criaient. Emily reconnut celle d'Aggie qui hurlait :

– Emily ! Tu vas bien ?

Emily hésita. Elle lança un coup d'œil indécis vers l'avant du magasin d'où venait le vacarme. Puis son visage se durcit et elle serra l'anneau encore plus fort dans son poing. Elle fit demi-tour et s'élança, passa en courant devant la remise et l'étendoir à linge et se dirigea vers la masse sombre des arbres qui bordaient le jardin derrière la maison de Gert Bigger. L'ombre des pins sembla se pencher vers elle et l'engloutit.

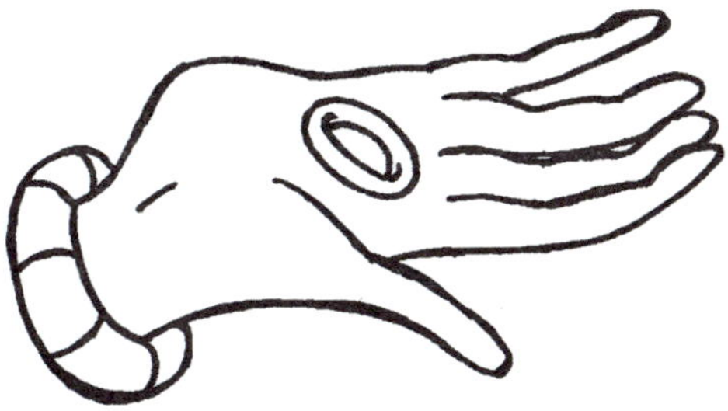

Chapitre 12

Emily courait dans la forêt. Ses pieds frappaient le sol à toute allure et elle voyait défiler des fragments du décor – des branches, des souches et des champignons accrochés à de grands troncs noirs. Elle courait sur un chemin tortueux couvert d'aiguilles de pin brunies, un chemin qui s'enfonçait de plus en plus profondément dans la forêt. Parfois, elle tombait ou butait sur une souche, mais elle se relevait aussitôt et reprenait sa course. Une course de plus en plus rapide. Les branches fouettaient son visage et ses bras, laissant de vilaines éraflures sur sa peau, mais la douleur ne faisait qu'accélérer sa course. Son esprit était traversé de pensées confuses et désordonnées. Des images surgissaient comme des éclairs devant ses yeux. Emily les voyait aussi distinctement que sur un écran en face d'elle. Elle voyait le garçon aux cheveux en brosse lui crier qu'elle était une drôle de fille. Elle voyait les filles qui faisaient tapisserie à la soirée dansante. Elle voyait le grand bâtiment noir du collège qui ressemblait à une prison, où elle serait forcée d'aller l'automne suivant. Elle voyait des filles en robes froufroutantes, des filles qui mettaient des bas, du rouge à lèvres et du mascara, et qui lui demandaient : « Mais qu'est-ce qui te prend ? Tu n'as pas envie de sortir avec les garçons ? C'est pourtant drôlement marrant ! »

Tout en courant, Emily entendit quelqu'un derrière elle qui l'appelait. La voix était vague et lointaine, mais elle était sûre d'avoir entendu crier son nom une ou deux fois.

– Non, haleta Emily. Vous ne m'aurez pas ! J'en ai marre de tout ça, vraiment marre, et je vais faire ce que j'ai envie…

Emily courait, courait toujours, courait comme une folle à travers la sombre forêt de pins. Elle quitta le sentier et dévala une pente raide, glissant sur le tapis d'aiguilles de pins qui la recouvrait. Elle perdit l'équilibre et continua à dégringoler en culbutant dans tous les sens, un long moment. Quand elle arriva en bas, elle se sentit complètement sonnée. La tête lui tournait et elle avait mal au cœur, mais la première chose qu'elle fit fut de s'assurer qu'elle avait toujours l'anneau dans la main. Et il y était, bien serré dans son poing. Emily l'entrouvrit juste assez pour vérifier qu'il était intact. Puis elle le referma, se releva en chancelant et se remit à courir. Elle entendait dans sa tête quelque chose qui ne cessait de l'éperonner, quelque chose de mécanique et d'obstiné comme un piston. « Continue, continue, lui répétait cette voix. Ne t'arrête pas, ne t'arrête pas, ne t'arrête pas… »

Emily traversa en courant le ruisseau coulant au fond du ravin et se mit à escalader le talus opposé. Mais la montée était raide et elle avait du mal à grimper d'une seule main, avec l'autre poing fermé. Elle fit une pause à mi-pente, pour reprendre haleine. Pourquoi ne glissait-elle pas l'anneau à l'un de ses doigts ? Elle ouvrit la main et le regarda d'un air hébété. Il était trop grand, il ne tiendrait pas. Et si elle le mettait dans sa poche ? Non, elle risquait de le perdre si celle-ci était trouée. Il fallait qu'elle puisse constamment vérifier qu'il était bien là. Emily referma le poing et reprit son ascension d'une seule main. C'était une bonne grimpeuse qui savait s'agripper aux racines comme aux barreaux d'une échelle. Quand elle arriva en haut, elle fit une nouvelle pause pour reprendre haleine.

– Emily ! Emily ! Arrête-toi !

Emily se retourna. Qui l'appelait ? Elle connaissait cette voix. Sur le point de rebrousser chemin, elle sentit le piston se remettre en marche. « Continue, vas-y, ne t'arrête pas, repars ! » Emily lança un regard furieux de l'autre côté du ruisseau. Il y avait maintenant une lueur de colère dans ses yeux.

– Essayez donc de m'attraper ! grogna-t-elle entre ses dents.

Puis elle fit demi-tour et se remit à courir.

Emily replongea dans la forêt. Mais ses jambes étaient à bout de forces. Molles comme du caoutchouc. L'immobilité sur le lit de Gert Bigger l'avait affaiblie comme l'aurait fait une longue maladie. Elle avait un point de côté, et une brûlure lui déchirait la poitrine à chaque respiration. Elle était trempée de sueur et n'y voyait plus rien à travers la buée recouvrant ses lunettes. Elle aurait voulu s'arrêter, mais l'impérieux piston l'en empêchait. Il la força à continuer jusqu'à ce que, finalement, elle débouche en chancelant dans une petite clairière. Elle tomba sur les genoux et regarda autour d'elle. Où était-elle ? Que faisait-elle ? Ah oui ! elle allait... elle allait... Le monde se mit à tournoyer autour d'elle. Les arbres sombres, le ciel étoilé et l'herbe argentée défilaient à toute allure, comme le paysage qu'on voit par la vitre quand on roule très vite en voiture. Emily tomba par terre et perdit conscience.

La première chose que vit Emily lorsqu'elle reprit connaissance, quelques instants plus tard, fut une petite lune froide et blême qui brillait au-dessus d'elle. Elle s'assit et secoua la tête. Autour de la clairière, les noires silhouettes des arbres se dressaient comme un cercle d'ombres lui interdisant de fuir. Mais voulait-elle s'enfuir, en fait ? Non. Elle était venue là pour faire quelque chose, mais quoi, elle n'arrivait pas à s'en souvenir. Elle avait mal dans la main gauche. Elle la sortit de l'herbe et regarda son poing fermé comme s'il appartenait à quelqu'un d'autre. Lentement, elle ouvrit ses doigts engourdis et vit dans sa paume un grand anneau cabossé. Elle le tenait depuis si longtemps, et si serré, qu'il s'était profondément incrusté dans sa peau.

En grimaçant de douleur, Emily tourna l'anneau entre ses doigts. Il était en or – c'est du moins ce qu'il lui semblait – et avait la forme d'une chevalière, avec une partie plate sur laquelle était gravé quelque chose. Un visage. Un visage au regard fixe, avec des globes oculaires lisses et des lèvres retroussées dans un sourire glacial et méchant. Un visage qui fascinait Emily. Il avait l'air si vivant ! Elle s'attendait presque à voir la bouche s'entrouvrir pour lui parler.

C'est alors qu'elle se rappela pourquoi elle était là.

Elle se releva en titubant dans la clairière illuminée par le clair de lune. Elle se passa l'anneau à la main gauche en le serrant bien pour qu'il ne puisse pas tomber, et à sa grande surprise, elle le sentit se rétrécir à la taille de son doigt ! Mais elle n'avait pas le temps de se poser des questions. Elle entendait une voix dans sa tête, une voix lui dictant ce qu'elle devait faire. Elle tapa trois fois des mains en imitant de son mieux Gert Bigger et dit d'une voix aussi forte que possible :

– Je… j'appelle As… Asmodai ! Qu'il vienne ! Maintenant !

Une ombre traversa l'herbe argentée et Emily entendit chuchoter la même voix impérieuse qui avait répondu à Gert Bigger.

– ME VOILÀ. JE SUIS ASMODAI. QU'EST-CE QUE TU VEUX ?

Emily frissonna. Elle avait froid, elle avait peur et se sentait très seule. Elle aurait voulu arracher l'anneau de son doigt et le jeter au loin. Mais elle ne pouvait pas le faire. Une voix pressante, une voix furieuse – sa propre voix – continuait à lui parler dans sa tête et à lui dire ce qu'elle devait faire. Elle lui assurait qu'il fallait qu'elle change, qu'elle pouvait résoudre instantanément tous ses problèmes si seulement elle en avait le courage. Et elle ajoutait que c'était sa seule chance, qu'il n'y en aurait jamais d'autre.

La voix assourdie parla de nouveau. Elle avait l'air de s'impatienter.

– JE SUIS LÀ. QU'EST-CE QUE TU VEUX ? C'EST TOI QUI DÉTIENT L'ANNEAU DU ROI SALOMON. QU'EST-CE QUE TU VEUX ?

– Je… je veux… ce que je veux faire, c'est… Ce que je voudrais, c'est…

– Emily, arrête-toi ! Arrête-toi immédiatement et regarde-moi !

Emily se retourna. Là, au bord de la clairière, venait de surgir Mme Zimmermann. Dans les plis de sa robe couraient de longues traînées de flammes orange et son bon vieux visage ridé était comme éclairé par des projecteurs invisibles. Une aura violette flottait autour d'elle, éclairant faiblement l'herbe argentée.

– Arrête, Emily ! Arrête immédiatement et écoute-moi !

Emily hésita. Elle prit l'anneau entre le pouce et l'index et commença à l'enlever. Il était serré, mais elle pouvait le faire glisser. La voix dans sa tête haussa le ton. Elle lui disait de ne pas écouter Mme Zimmermann. Elle lui affirmait qu'elle avait le droit d'être heureuse, de faire ce qu'elle voulait.

Emily avala sa salive et se passa la langue sur les lèvres. Elle se tourna vers l'ombre qui attendait, toujours au même endroit.

– Je… je voudrais être un…

Mme Zimmermann l'interrompit d'une voix forte et autoritaire qui résonna dans toute la clairière :

– Emily, je t'ordonne de me donner cet anneau ! Donne-le-moi tout de suite !

Emily hésita un instant. Ses yeux étaient agrandis par la peur. Puis, comme une somnambule, elle fit demi-tour et marcha vers Mme Zimmermann en s'efforçant d'enlever l'anneau. Celui-ci glissa difficilement d'une jointure à l'autre et sortit enfin de son doigt. Il tomba dans la paume de sa main droite. Mme Zimmermann tendit la main et le prit. Elle le regarda d'un air méprisant et le glissa dans sa poche. L'aura s'estompa, les lueurs s'éteignirent et les plis de sa robe retrouvèrent leur aspect habituel.

– Bonjour, Emily, dit Mme Zimmermann en souriant. Ça fait un bail qu'on ne s'est pas vues.

Emily regarda avec inquiétude derrière elle, mais l'ombre était partie. Alors elle se jeta dans les bras de Mme Zimmermann et éclata en sanglots. Elle tremblait de tous ses membres et sentait qu'en pleurant, elle évacuait quelque chose de toxique et de répugnant. Quand elle eut pleuré tout son saoul, elle recula et regarda Mme Zimmermann. Le visage de son amie était pâle et ses traits tirés, mais ses yeux étaient joyeux. Elle était redevenue elle-même et parlait comme d'habitude.

– Qu'est-ce que... qu'est-ce qui vous est arrivé, madame Zimmermann ? fut tout ce qu'Emily trouva à dire.

Mme Zimmermann eut un petit rire.

– Je pourrais te poser la même question, Emily. Mais dis-moi, je ne t'ai pas fait peur en apparaissant tout à l'heure ?

– Si, bien sûr ! Je croyais que vous alliez agiter votre baguette et que...

Emily venait de se souvenir que le parapluie magique de Mme Zimmermann était cassé et qu'elle n'en avait pas d'autre. Elle avait donc pratiquement perdu tous ses pouvoirs. Mais alors... ?

Devinant ce que pensait Emily, Mme Zimmermann se remit à rire, d'un rire agréable à entendre

qui n'avait rien à voir avec le ricanement démentiel de Gert Bigger.

– Eh bien, je t'ai bluffée, Emily, dit-elle en s'esclaffant. C'était une illusion ! Tu vois, je peux encore prendre une apparence vraiment terrifiante, avec lumières, aura, et tout le tralala. Mais si tu avais voulu continuer, je n'aurais rien pu faire pour t'arrêter. Absolument rien.

Emily regardait fixement par terre.

– Vous avez eu raison, madame Zimmermann. J'allais faire quelque chose d'affreux. Mais vous... qu'est-ce qui vous est arrivé ? Je veux dire l'autre nuit. D'où venez-vous à l'instant ?

– Du poulailler, répondit Mme Zimmermann en souriant d'un air désabusé. Tu ne t'en doutais pas ?

La bouche d'Emily s'ouvrit démesurément.

– Vous voulez dire... vous voulez dire que vous étiez...

Mme Zimmermann fit oui de la tête.

– Hé oui ! Et tant que je vivrai, je ne pourrais plus jamais regarder en face un poulet rôti. C'est Gertie qui m'a fait ça avec l'anneau. Mais pour que je retrouve mon aspect habituel, il a dû lui arriver quelque chose. Tu as une idée de ce que ça peut être ?

Emily n'y comprenait plus rien.

– Je… je pensais que vous aviez trouvé un moyen de rompre son maléfice. Ça ne s'est pas passé comme ça ?

Mme Zimmermann secoua la tête.

– Non, Emily. Même à l'époque où j'avais ma baguette magique, je n'aurais jamais pu vaincre la personne possédant cet anneau. Jamais. Tout ce que je sais, c'est que j'étais derrière cette clôture, menant ma… euh… (Elle toussota.) … ma vie de poule, et qu'en un clin d'œil, j'ai retrouvé mon apparence normale. Il a dû se passer quelque chose. Tu ne sais pas ce que c'est ?

Emily se gratta la tête.

– Non, madame Zimmermann. Mme Bigger m'avait jeté un sort pour me faire mourir, mais elle a brusquement disparu. Elle était en train d'utiliser l'anneau pour appeler… pour appeler…

Curieusement, maintenant qu'elle n'avait plus l'anneau à son doigt, Emily ne se souvenait pas du nom du démon qu'avait invoqué Gert Bigger.

– Asmodai ? suggéra Mme Zimmermann.

– Oui, c'est ça. Comment le savez-vous ?

– Je n'ai pas passé un doctorat de Magie à l'université de Göttingen pour rien ! Continue.

– Eh bien, elle a appelé Machintruc et lui a dit qu'elle voulait être jeune et belle, et aussi vivre pendant... pendant mille ans, je crois. Puis elle a disparu et j'ai cru que ça avait marché. Mais je suppose qu'elle ne savait pas que la terre tremblerait au moment de sa métamorphose. La secousse a fait glisser les pièces de mes yeux, et c'est comme ça que j'ai pu m'échapper.

– Tu as eu de la chance, dit Mme Zimmermann. Je suis sûre que la vieille Gertie ne s'y attendait pas. Et il s'est sans doute passé d'autres choses qu'elle n'avait pas prévues.

– Vous croyez ! Quoi par exemple ?

– Je ne veux pas en parler tant que je n'en serais pas sûre, et je crois que nous ferions mieux maintenant de retourner au magasin. Quand je me suis enfuie du poulailler, il y avait là-bas un boucan incroyable. On aurait dit qu'ils retournaient entièrement la maison. Mais j'ai pensé que tu avais davantage besoin de moi qu'eux. Je t'ai à peine entrevue lorsque tu as filé dans la forêt. Je suis vieille et je ne cours pas très vite, alors tu as pris pas mal d'avance sur moi. Mais je n'ai eu aucun mal à te suivre avec les traces que tu as laissées dans le sous-bois. J'ai quand même fait du scoutisme dans ma jeunesse ! Allez viens !

Emily et Mme Zimmermann retrouvèrent facilement le chemin les ramenant au magasin. Elles n'eurent qu'à suivre les traces de leur passage – herbe piétinée, branches cassées et empreintes de pas dans la terre humide.

Quelques instants plus tard, elles marchaient d'un bon pas le long du sentier jonché d'aiguilles de pin quand Mme Zimmermann s'écria brusquement :

– Regarde !

Elle montrait du doigt quelque chose sur sa gauche. Emily vit alors un petit saule, jeune et svelte, qui se dressait là, tout seul, au milieu des grands pins.

– Regarde quoi ? dit Emily déconcertée.

– Ce saule.

– Il a quelque chose de spécial ? C'est juste un arbre, non ?

– Quelque chose de spécial ? Eh bien, tout d'abord, on n'a jamais vu de saule pousser tout seul au beau milieu d'une forêt de pins. Ils poussent en bosquets au bord des rivières, des lacs et des ruisseaux. Et ce n'est pas tout ! Ses feuilles frissonnent. Est-ce que tu sens la moindre brise ?

– Mais non ! C'est vrai, c'est bizarre ! Vous croyez qu'il y a du vent là-bas et pas ici ?

Mme Zimmermann se frotta le menton.

– Dis-moi, Emily, dit-elle brusquement. Peux-tu te souvenir des mots exacts qu'a prononcés Gert Bigger ? Je veux dire, au moment où elle a voulu se transformer.

Emily réfléchit.

– Non, je ne crois pas. Quelque chose du genre être jeune et belle et vivre longtemps, comme je vous l'ai déjà dit.

– Cet arbre est jeune, et assurément très beau, dit Mme Zimmermann calmement. Quant à savoir combien de temps durera sa vie, je n'en sais vraiment rien.

Emily regarda le saule, puis Mme Zimmermann.

– Vous voulez dire… vous voulez dire que vous pensez…

– Je ne suis sûre de rien, je te l'ai dit. Je ne sais pas exactement ce qui s'est passé, mais il s'est forcément passé quelque chose pour que je retrouve mon aspect habituel. Une sorcière qui se métamorphose en autre chose – un arbre, par exemple – perd tous ses pouvoirs, et ses sortilèges sont rompus. Viens, Emily, ne perdons pas de temps ! Rentrons vite !

Il faisait complètement jour quand Emily et Mme Zimmermann apparurent à la lisière de la forêt derrière le magasin de Gert Bigger. Elles contournèrent la maison et trouvèrent Aggie Sipes et sa mère devant le magasin. Celles-ci regardaient les deux policiers qui, eux, contemplaient d'un air ébahi un tas d'objets entassés sur les marches du magasin. C'était un vrai bric-à-brac : une couverture mortuaire, une grande croix de bois, des bougies de cire, un encensoir d'argent terni, un porte-encens doré, et un aspersoir – une sorte de goupillon pour l'eau bénite. Il y avait également une grande pile de livres et, parmi eux, celui qu'Emily avait trouvé sur la table de nuit de Gert Bigger.

À la vue d'Emily qui passait l'angle du bâtiment, Aggie poussa un grand cri et courut vers elle.

– Emily, tu vas bien ! Mon Dieu, j'avais si peur que tu sois morte ! Super ! Hourra ! Génial !

Aggie serra Emily dans ses bras et fit des bonds de joie. Mme Sipes s'approcha elle aussi. Un grand sourire éclairait son visage.

– Vous êtes madame Zimmermann ? demanda-t-elle.

– Oui, répondit celle-ci.

Les deux femmes se serrèrent la main.

Les policiers s'approchèrent et se joignirent au comité d'accueil. Ils avaient l'air soupçonneux, comme l'ont souvent les policiers. L'un d'eux tenait un bloc-notes et un crayon à la main.

– Bon, dit-il avec brusquerie, êtes-vous la Madame Zigfield qui s'est perdue l'autre nuit ?

– Oui, c'est moi, mais mon nom est Zimmermann, je vous le signale au passage. Je vous prie d'excuser mon apparence, mais j'en ai vu de toutes les couleurs !

Mme Zimmermann avait vraiment l'air d'avoir passé les deux dernières nuits dans les bois. Sa robe était en lambeaux, toute griffée et déchirée par les ronces. Ses chaussures étaient humides et maculées de boue et ses cheveux ébouriffés. Ses mains et son visage étaient tachés de résine de pin.

– Oui, dit Emily, nous... nous, euh...

Elle réalisa brutalement qu'elle ne pouvait pas raconter ce qui s'était passé. Ces gens ne la croiraient pas, c'est tout.

– Eh bien, on a vécu une drôle d'expérience, toutes les deux, dit Mme Zimmermann en lui coupant aussitôt la parole. En fait, je suis allée me promener derrière la ferme Gunderson l'avant-dernière nuit, et je me suis perdue dans la forêt. Vous pensez sûrement qu'il faut être timbrée pour sortir sous un tel orage, mais le fait est que j'adore marcher sous la pluie. J'aime le bruit qu'elle fait en tombant sur le parapluie – ce petit tapotement que l'on entend aussi quand il pleut sur une toile de tente. Je n'avais pas l'intention d'aller très loin mais, en deux temps trois mouvements, j'ai perdu mon chemin et je n'ai pas su le retrouver. Les choses ont ensuite empiré parce que le vent s'est mis à souffler si fort qu'il a retourné mon parapluie, et j'ai dû le jeter. C'était vraiment dommage, d'ailleurs, car c'était un très beau parapluie. J'étais donc perdue et j'ai erré pendant deux jours. Heureusement, j'ai étudié la botanique à l'université et je connais bien les plantes et les baies comestibles. Alors je suis un peu épuisée, c'est sûr, mais je ne vais pas trop mal. Je suis tombée par hasard sur Emily qui m'a ramenée vers la civilisation. Et d'après ce qu'elle m'a raconté, elle a vécu elle-même une horrible expérience. Il semble que la vieille dame qui tient ce magasin l'a attachée, bâillonnée et enfermée dans un placard. Puis elle l'a droguée et l'a amenée dans la forêt, en l'y abandonnant pour qu'elle meure de faim. Heureusement, Emily se débrouille bien dans les bois, et elle était sur le chemin du retour lorsqu'elle m'a rencontrée. Et il y a aussi cet objet, ajouta-t-elle en mettant la main dans sa poche. Nous l'avons trouvé dans les bois, et, dès qu'il a fait jour, nous avons pu l'utiliser pour nous aider à retrouver notre chemin.

C'était le couteau scout d'Aggie ! Le couteau avec la boussole incrustée dans le manche. Mme Zimmermann l'avait en fait trouvé là où Aggie l'avait laissé tomber, derrière la maison de Gert Bigger.

Emily regarda Mme Zimmermann avec admiration. Elle était fière de certains des mensonges qu'elle avait elle-même inventés au cours de sa vie, mais ils étaient loin d'être aussi raffinés que ceux de Mme Zimmermann. Brusquement, Emily se souvint qu'Aggie connaissait la vérité. Elle savait comment Mme Zimmermann avait disparu, et elle était au courant pour le couteau, puisque c'était elle qui l'avait laissé tomber. Allait-elle vendre la mèche ? Emily lui lança un regard inquiet et, à sa grande surprise, elle s'aperçut avec un peu d'agacement qu'Aggie s'efforçait de contenir un fou rire. C'était la première fois qu'Emily la voyait perdre son sérieux.

Mais Aggie ne dit rien et sa mère ne remarqua pas qu'elle se retenait de rire. Le policier non plus. Il était très occupé à consigner tout ce que racontait Mme Zimmermann.

– Bon, dit-il en levant les yeux. Madame Zigfield, avez-vous une idée de ce qui est arrivé à la vieille dame qui tient ce magasin ?

Mme Zimmermann secoua la tête.

– Pas la moindre, monsieur l'agent. Vous ne l'avez pas retrouvée ?

– Non, non. Mais nous allons lancer un avis de recherche et prévenir toutes les patrouilles pour l'arrêter. Elle était complètement folle ! Vous avez vu tous ces trucs ? dit-il en montrant du doigt le bric-à-brac empilé sur l'escalier.

Mme Sipes regarda Mme Zimmermann, les yeux agrandis par l'inquiétude.

– Qu'est-ce que vous pensez de tout ça, madame Zimmermann ? Vous croyez que Mme Bigger était une sorcière ?

Mme Zimmermann la regarda droit dans les yeux.

– Une *quoi* ?

– Une sorcière… c'est-à-dire que quand on voit tout cet attirail… sinon je ne vois pas pourquoi elle aurait…

Mme Zimmermann mit sa langue entre ses dents et lança un *tsit-tsit* en secouant lentement la tête.

– Madame Sipes, dit-elle d'un air choqué, je ne sais pas ce que vous avez raconté à votre fille, mais nous sommes au vingtième siècle, que je sache, et il n'y a plus de sorcières, Dieu merci !

Chapitre 13

Quand les Pottinger arrivèrent à la ferme, un peu plus tard dans la matinée, ils trouvèrent les Sipes, leurs huit enfants, Mme Zimmermann et Emily, groupés autour d'une radio dans la véranda devant la maison. Ils écoutaient un reportage sur ce qu'on appelait désormais l'« affaire de la sorcière de Petoskey ». Les Pottinger étaient déjà évidemment un peu nerveux à leur arrivée, mais lorsqu'ils réalisèrent que leur fille avait été pendant quelques heures prisonnière d'une vieille folle qui se prenait pour une sorcière, ils se mirent vraiment dans tous leurs états. Mme Zimmermann fit de son mieux pour les calmer. Elle insista sur le fait que, finalement, Emily et elle étaient saines et sauves, et que toute l'aventure, aussi terrifiante qu'elle ait été, était maintenant terminée. M. Pottinger aurait sûrement bien aimé rejeter la responsabilité de toute l'affaire sur la « dinguerie » de Mme Zimmermann, mais avec le branle-bas de combat et l'affolement de ces retrouvailles dramatiques, il ne trouva pas un instant pour lui faire le moindre reproche. M. Sipes, qui était rentré très tôt ce matin-là de son voyage d'affaires, l'emmena visiter la ferme, et les Pottinger furent invités à rester pour le déjeuner.

Vers 14 heures, ils reprirent la route pour New Zebedee avec Emily. Les larmes aux yeux, Emily et Aggie se dirent au revoir par la vitre de la portière, en se promettant de beaucoup s'écrire au cours de l'année suivante. Et au moment où les Pottinger allaient démarrer, Aggie ne put s'empêcher de lancer une dernière remarque inquiète :

– J'espère que vous n'allez pas crever. Ces pneus sont horriblement difficile à réparer.

Mme Zimmermann restait. Elle avait dit sur un ton un peu mystérieux qu'elle avait « quelques affaires à régler ». Emily se doutait qu'elles concernaient sans doute l'anneau magique, mais elle savait par expérience que Mme Zimmermann ne lui en parlerait pas tant qu'elle ne l'aurait pas décidé.

Une semaine environ après son retour à New Zebedee, Emily reçut au courrier une enveloppe bordée de violet contenant une feuille assortie sur laquelle étaient écrits ces mots :

Ma chère Emily,

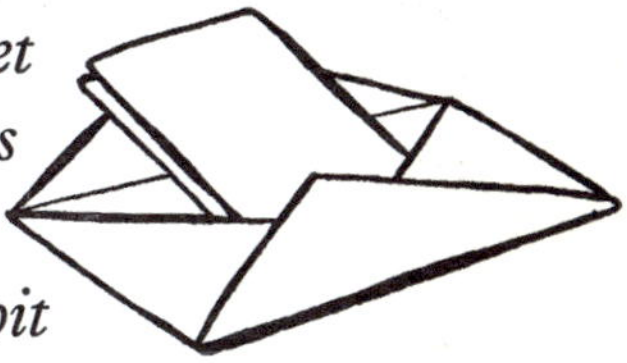

Je suis rentrée à New Zebedee… et Kévin aussi ! Il est là pour quelques jours. Il semble que la pompe qui approvisionne le camp en eau se soit cassée, et ils ont renvoyé les garçons chez eux le temps qu'ils la réparent. Il repartira bientôt, mais entre-temps, je t'invite par la présente à une soirée de retour-temporaire-du-camp que j'organise pour Kévin dans ma maison de campagne au bord du lac Lyon samedi prochain. Tu pourras y rester la nuit. Si tes parents sont d'accord, je passerai te prendre avec Bessie après le déjeuner. On va bien s'amuser. Apporte ton maillot de bain.

À bientôt,
Florence Zimmermann

P.S. N'apporte pas de cadeaux pour Kévin. Il a rapporté suffisamment de choses du camp.

Emily n'eut aucun mal à convaincre sa mère de la laisser passer la nuit dans la maison de campagne de Mme Zimmermann. Et le samedi suivant, son sac de voyage à la main, elle partit pour le lac Lyon. Tout au long du trajet, Emily essaya de savoir si Mme Zimmermann avait découvert quelque chose sur l'anneau. Mais celle-ci ne lui dit rien. Et à leur arrivée, au bout du chemin privé menant à la petite maison de vacances, Emily vit une voiture garée près de la maison. C'était celle de Jonathan.

– Salut Emily ! Dis donc, tu as l'air en pleine forme !

C'était Kévin. Il était en maillot de bain.

– Salut Kévin ! cria Emily en agitant la main. Où est-ce que tu as bronzé comme ça ? Au camp ?

Kévin eut un grand sourire. Il était content qu'elle l'ait remarqué.

– Ouais. Allez, dépêche-toi de mettre ton maillot. Montre-nous que tu n'es pas une poule mouillée !

Kévin mit sa main sur sa bouche en rougissant. Jonathan lui avait un peu raconté l'histoire de Gert

Bigger et de l'anneau, et il savait qu'il venait de faire une gaffe.

Emily jeta un coup d'œil à Mme Zimmermann qui avait une quinte de toux et essayait de se moucher.

Dès qu'Emily eut enfilé son maillot de bain, elle descendit en courant la pelouse en pente et plongea dans le lac. Kévin était déjà dans l'eau. Il nageait ! Sur le ventre, sur le dos, et même sous l'eau ! Il nageait un peu comme un petit chien, bien sûr, mais pour Kévin, ce n'était pas rien car, depuis qu'Emily le connaissait, il avait toujours eu peur de l'eau et se contentait de patauger sur le bord ou de flotter sur une chambre à air.

Emily était ravie. Cela faisait si longtemps qu'elle voulait que Kévin apprenne à nager pour qu'ils puissent se baigner ensemble. Évidemment, il avait encore peur quand l'eau était profonde, mais il avait déjà beaucoup plus d'assurance. L'année suivante, lui annonça-t-il, il passerait sûrement son brevet de natation.

Une heure plus tard, Emily et Kévin, bien enveloppés dans leurs serviettes, étaient assis sur la pelouse. À côté d'eux, Jonathan et Mme Zimmermann se prélassaient sur des sièges de jardin.

Jonathan portait le costume d'été en lin blanc qu'il mettait dans les grandes occasions. La dernière remontait à la fête de la Victoire, à la fin de la guerre, et le tissu jauni sentait la naphtaline. Mme Zimmermann arborait une robe violette toute neuve. Elle avait jeté celle qu'elle avait mise en vacances car trop de souvenirs déplaisants lui étaient associés. Elle avait l'air reposée et en forme. Sur une petite table entre eux deux étaient posés un pichet de citronnade et un grand plat de biscuits au chocolat.

Kévin regardait Mme Zimmermann d'un air admiratif. Il mourait d'envie de lui demander quel effet cela lui avait fait d'être une poule, mais il avait peur de la blesser. C'était certainement pour elle un sujet délicat. Il se contenta donc de croquer ses biscuits et de boire sa citronnade sans rien dire.

– Allez, Florence ! s'écria Jonathan en tirant des bouffées de sa pipe d'un air impatient. Ne nous fais pas languir ! Qu'est-ce que tu as découvert sur cet anneau ? Dis-le-nous !

– Pas grand-chose, répondit Mme Zimmermann en haussant les épaules. J'ai passé au peigne fin la maison d'Oley, mais je n'ai trouvé que ça.

Elle fouilla dans la poche de sa robe et tendit à Jonathan trois ou quatre anneaux rouillés.

– Qu’est-ce que c’est ? lui demanda-t-il en les tournant entre ses doigts. Des rebuts de la fabrique d’anneaux magiques de ton cousin ?

– Non, dit Mme Zimmermann en riant, du moins je ne crois pas. Je les ai trouvés dans une coupe au fond du buffet de la cuisine. Tu veux vraiment savoir ce que j’en pense ?

– Dis voir !

– Eh bien, les Vikings avaient des plastrons de cuirasse en cuir tenus par des anneaux. Les anneaux d’Oley ressemblent à ceux que j’ai vus un jour dans un musée à Oslo. Je pense qu’il a dû les trouver en bêchant, en même temps que les pointes de flèches – et l’anneau.

– Mais qu’est-ce que tu racontes, Florence ? Je sais bien que j’ai une barbe, mais elle n’est pas encore assez longue et blanche pour que je sois complètement sénile ! Tu veux nous faire croire que ce sont les Vikings qui ont apporté cet anneau en Amérique ?

– Je ne veux rien vous faire croire, barbe folle, je me contente de vous montrer ce que j’ai trouvé. Tu peux penser ce que tu veux ! Je dis seulement que ces anneaux ressemblent à ceux des Vikings. Et les Vikings sont allés aux quatre coins du monde. Ils

sont même passés par Constantinople, là où se trouvait la majeure partie des trésors de l'Antiquité. Il y a bien sûr mille autres manières dont ils auraient pu trouver l'anneau. Comment le savoir ? Chacun est libre de se faire son opinion.

Mme Zimmermann et Jonathan se lancèrent alors dans une longue et vaine controverse sur la question de savoir si les Vikings étaient oui ou non venus en Amérique. Kévin finit par les interrompre en pleine discussion :

– Excusez-moi, madame Zimmermann, mais…

– Oui, Kévin, lui répondit celle-ci en souriant, qu'est-ce qu'il y a ?

– Eh bien, je me demandais… Vous êtes sûre que c'est bien l'anneau du roi Salomon ?

– Non, je n'en suis pas sûre, admit Mme Zimmermann. Mais il y a de grandes chances pour qu'il le soit, puisqu'il a les mêmes pouvoirs que lui ! Il y a des tas d'histoires sur d'autres anneaux magiques censés avoir vraiment existé, je le sais bien. Certaines sont vraies, et d'autres fausses. C'est peut-être l'un d'eux, comme celui des Nibelungen. Comment le savoir ? La seule chose dont je suis sûre, c'est qu'il était magique.

– Et qu'est-ce que tu en as fait ? lui demanda Jonathan.

– Ah ! Je savais bien que tu me le demanderais ! Bon, pour tout te dire, je l'ai fondu dans le fourneau d'Oley. L'or fond à basse température et, d'après ce que j'ai appris en magie, un anneau magique qui perd sa forme perd aussi son pouvoir. Et pour plus de sûreté, j'ai mis ce maudit anneau – ou plutôt ce qui en restait – dans un petit pot auquel j'ai attaché des plombs, puis j'ai loué une barque, j'ai ramé jusqu'au milieu de la baie de Little Traverse, et je l'ai jeté à l'eau. Bon débarras, comme disait mon père !

Kévin ne put se retenir plus longtemps. Emily lui avait raconté que Mme Zimmermann n'avait plus de parapluie magique et il se sentait inquiet. Il aurait voulu que Mme Zimmermann soit la plus grande magicienne du monde.

– Mais pourquoi avez-vous détruit cet anneau, madame Zimmermann ? s'écria-t-il. Vous auriez pu l'utiliser, non ? Il n'était pas forcément malfaisant et vous auriez pu faire des trucs vraiment bien avec lui, j'en suis sûr !

Mme Zimmermann regarda Kévin d'un œil sévère.

– Tu sais à qui tu me fais penser, Kévin ? À ces gens qui n'arrêtent pas de nous dire que la bombe atomique est une invention merveilleuse et qu'elle n'est pas foncièrement mauvaise, même si elle a été utilisée à de mauvaises fins.

Mme Zimmermann poussa un profond soupir.

– Je suppose, dit-elle lentement, je suppose que l'anneau de Salomon – en admettant que ce soit vraiment lui – aurait pu être utilisé à bon escient. J'y ai pensé avant de le fondre. Mais je me suis dit : « Crois-tu vraiment que tu es une créature si angélique que tu pourras résister à toutes les tentations qu'il t'inspirera ? » Puis je me suis demandé : « Veux-tu vraiment garder cet objet dangereux en passant le reste de ta vie à te ronger les sangs à l'idée que quelqu'un comme Gert Bigger puisse s'en emparer ? » La réponse à ces deux questions a été non, et c'est ce qui m'a décidé à m'en débarrasser. Comme on te l'a peut-être dit, Kévin, j'ai perdu la plupart de mes pouvoirs magiques. Et tu sais quoi ? C'est un soulagement. Je vais passer le restant de mes jours à faire apparaître des allumettes en claquant des doigts et à m'efforcer de battre ton oncle au poker. Deux choses qui, soit dit en passant, n'exigent pas de compétences extraordinaires, ajouta-t-elle en lançant un regard espiègle à son voisin.

Jonathan lui tira la langue et tous deux éclatèrent de rire, d'un rire détendu et contagieux auquel se joignirent Kévin et Emily.

Ceux-ci passèrent l'après-midi à se baigner et, après le coucher du soleil, Jonathan fit un grand feu sur la plage où ils firent rôtir des grillades en chantant des chansons. Kévin leur fit toutes sortes de cadeaux – des choses qu'il avait fabriquées au camp. Il donna à Jonathan un cendrier en cuivre, et à Mme Zimmermann un collier de coquillages violets et blancs. Puis il offrit à Emily une ceinture de cuir et une bague de foulard coulissante qu'il avait lui-même sculptée dans du bois. Elle était peinte en vert avec de petites taches jaunes et était censée représenter une grenouille – en tout cas, elle avait des yeux.

Beaucoup plus tard dans la soirée, après avoir dit au revoir à Kévin et Jonathan qui rentraient chez eux, Emily et Mme Zimmermann s'assirent sur la plage auprès des braises. Sur la rive opposée du lac brillaient les lumières d'autres maisons de vacances. Le ronronnement endormi d'un bateau à moteur se fit entendre au loin.

– Madame Zimmermann, dit Emily.

– Oui, Emily, qu'est-ce qu'il y a ?

– Je voudrais vous poser plusieurs questions. D'abord, pourquoi l'anneau ne vous a-t-il pas fait le même effet qu'à moi ? Quand je vous l'ai donné, vous l'avez regardé d'un air indifférent et vous l'avez fourré dans votre poche. Comment ça se fait ?

Mme Zimmermann soupira. Emily l'entendit claquer des doigts et vit surgir la minuscule flamme d'une allumette. Puis elle sentit la fumée du cigare.

– Pourquoi ne m'a-t-il rien fait ? dit Mme Zimmermann en tirant une bouffée. C'est une bonne question, sais-tu ? Je suppose que c'est parce que je suis heureuse comme je suis. Tu vois, je crois qu'un anneau de ce genre ne peut exercer un pouvoir que si l'on n'est pas content ou contente d'être comme on est.

Emily rougit. Elle avait encore honte de ce qu'elle avait voulu faire avec l'anneau.

– Est-ce que... Est-ce que vous avez raconté à oncle Jonathan ce que... ce que j'allais faire quand vous m'en avez empêchée ?

– Non, répondit doucement Mme Zimmermann. Je ne lui en ai pas parlé. Tout ce qu'il sait, c'est que l'anneau t'entraînait vers un mystérieux rendez-vous avec le diable. Souviens-toi, tu n'as jamais vraiment dit ce que tu voulais faire, même s'il était facile pour moi de le deviner. Et, de toute manière, tu n'as pas à en avoir honte. Des tas de gens auraient souhaité des choses pires que toi. Des choses bien, bien pires !

Emily garda le silence un instant, puis finit par dire :

– Mme Zimmermann, croyez-vous que ça va mal se passer pour moi au collège cet automne ? Et aussi plus tard quand je serais grande ? Les choses serontelles différentes alors ?

– Ma chère Emily, répondit Mme Zimmermann lentement et posément, je suis peut-être une sorcière, mais je ne suis pas prophète. Voir l'avenir n'a jamais été mon truc, même quand j'avais mon parapluie magique. Mais je vais te dire une chose : tu as toutes sortes de qualités merveilleuses. Lorsque tu as essayé de conduire Bessie, par exemple ! Des tas de filles de ton âge auraient été

bien trop froussardes pour oser le faire. Ça demande du cran. Et il fallait aussi du cran pour s'introduire dans le magasin de Gert Bigger pour me venir en aide. J'ajoute que les femmes dont l'histoire a retenu le nom, comme Jeanne d'Arc ou Marie Curie, n'étaient pas du genre à se pomponner du matin au soir. Quant à ce qui se passera plus tard, tu ne peux rien faire d'autre que voir venir et découvrir ce que la vie te réserve. Je ne peux rien te dire de plus.

Emily resta silencieuse. Elle tisonnait les cendres

avec un bâton. Mme Zimmermann termina son cigare et, au bout d'un moment, elles se levèrent, jetèrent un peu de sable sur les braises et allèrent se coucher.

Retrouvez Kévin et Emily
dans la suite de leurs aventures !

À paraître en octobre 2002

KÉVIN ET LES MAGICIENS 4

Le Fantôme dans le miroir

Service de la bibliothèque
Arrondissement de
BROSSARD

CET OUVRAGE A ÉTÉ REPRODUIT ET ACHEVÉ D'IMPRIMER SUR ROTO-PAGE
PAR L'IMPRIMERIE FLOCH À MAYENNE EN MAI 2002

Éditions du Rocher 28, rue Comte-Félix-Gastaldi Monaco

Dépôt légal : mai 2002.
N° d'édition : CNE section commerce et industrie
Monaco : 19023.
N° d'impression : 54316.
Imprimé en France